成功する
新商品開発プロジェクトのすすめ方

和田憲一郎

同文館出版

はじめに——プロジェクト責任者の羅針盤として

◇過酷で模索し続けた日々

「新しいプロジェクトの責任者を引き受けてもらえないだろうか？」

役員から突然呼ばれ、こう要請されたらあなたはどう反応するでしょうか。名誉だと思う反面、新しいプロジェクトであればあるほど、本当に自分にできるだろうかと不安になる人も多いのではないでしょうか。

まさに私がそうでした。突然、開発プロジェクトの責任者のアサインがあったのが、三菱自動車で初めての量産タイプの新世代電気自動車「i-MiEV（アイ・ミーブ）」でした。

晴れがましい気持ちもありましたが、すぐにとんでもないことを引き受けたことが明らかになります。というのは、電気自動車はそれまで試験車として開発したことはあっても、量産タイプとなると初めてであり、どこの誰に聞いても、どう開発を進めていいのかわからないのです。

しかたなく、手あたりしだいに電気自動車やイノベーションに関する本を読むとともに、社内で関係者にヒアリングを行ないました。しかし、その答えは心もとなく、あてにできそうにありません。そのため藁にもすがる思いで、社外のイノベーションに関連した勉強会に参加しました。これが「ドラッカー学会」に所属するキッカケでした。

さて、プロジェクトが始まってみると、初めての「新世代電気自動車」の開発のため、まるで視界1mの道路を走っているようなものでした。走ったと思ったら止まり、右に行ったり左に行ったり、まさに紆余曲折です。

このため、デザイン・設計・試験・品質・財務部門などと連日会議が続き、モチベーションは高かったものの、肉体的には疲労困憊の日々が続きました。羅針盤を持たずに、大海原に出てしまったような状態だったのです。

そのうちに、電気自動車について別のことが明らかになります。充電インフラの問題です。電気自動車の場合、クルマの開発のみならず、市販して街中を走らせるためには、充電インフラを構築しなければなりません。しかし、充電インフラなどまだ何もないことから、どう一から作っていくのかが課題となります。

今となっては当たり前かもしれませんが、当時は自動車会社がそれも作るのかとの議論があり、結局、すべてではないにしろ、我々もやるしかないと充電インフラ構築の仕事が加わることになりました。

電気自動車「i-MiEV」の量産化に成功し、２００９年6月に発表に漕ぎ着け、さらに7月に発売できたのは、社としてぶれずに「電気自動車を開発する」という姿勢を貫いてもらえたこと、さらによき先輩・同僚・メンバーによる結束の結果であったと思います。

それにしても、開発プロジェクトが紆余曲折した最大の要因は、やはり羅針盤を持たずに航海に出ざるを得なかったことでしょう。

◇独立して見えてきたことがある

現在、私はe-mobilityコンサルタントとして独立し、電動車両と周辺分野（スマートグリッドや、Ｖ２Ｘと言われる電力のやり取りビジネスなど）の間に立ち、「ＥＶビジネスの水先案内人」として仕事をしています。

さらに電気自動車の開発プロジェクトも含めて、多様なプロジェクトを経験してきたことから、開発イノベーション・コンサルタントとして、クルマに限らず、プロジェクトのスタート直前から、あるときは中盤でスタックしそうな段階（身動きが取れない状態）から支援活動を行なっています。

プロジェクトについて第三者の立場に立つことによって、見えてきたものがあります。それは業種は違っても、同じようなところでプロジェクト責任者が悩んでいるということです。

そこで、**初期段階でプロジェクト責任者はどのような心構えでプロジェクトに向き合い、どのような判断基準でものごとを考え、どのように行動すればいいのか**、「プロジェクト責任者のための羅針盤」があったらどんなにいいことか、と思うようになりました。

少なくとも私自身がそうであったように、世の中にはプロジェクト・マネジメントの本はたくさんありますが、実践的なやり方や、困ったときの考え方など、より実務に役に立つ本があればと思ったものです。それがこの本を書くキッカケにもなりました。

本書はクルマの開発プロジェクトをベースにしており、世の中の多様なプロジェクトの中には、あてはまらないケースもあるでしょう。しかし、コンセプト・デザイン・設計・試験・製造・販売などの一連の流れが続く「モノ作り系」であれば、ファンダメンタルな部分でお役に立てると思います。

◇プロジェクト責任者の心構えと基礎固めが大切

本書の構成は、プロジェクト責任者の心構えや立場の考え方に始まり、コンセプト立案や開発目標の設定、チームビルディングの構築等、プロジェクトの基礎を固める内容に約半分を費やしています。

2～4章のステップ1からステップ8までがメインであり、ステップ8の「キックオフミーティング」はプロジェクトの重大なマイルストーン（節目）になると考えています。

私の経験からすると、**プロジェクトが成功するか否かは、キックオフミーティングまでにどこまで準備できるかによって80％が決まってしまう**と言えます。キックオフミーティングまでにやるべきことをやらず、スポンサー（企業の上層部）に言われるままに走り出すと、その後、プロジェクトが頓挫してしまう可能性は極めて高いでしょう。

プロジェクトの責任者は、まずここを短期のゴールとして定め、達成を目指すのがいいのではないでしょうか。

その後の「プロジェクト実行フェーズ」では、ありとあらゆることが起こるだけに、責任者として主にどのようなことに注意しなければならないかを例として示しました。

航海で言えば、大海原で嵐に遭遇した状態であり、船長としてどう乗り越えるのか、手腕が求められます。

また、今まで世の中になかった商品を市場に定着させるには、一か八かのように市場に一気に出すのではなく、ユーザーの反応を試し、市場の声をよく聞きながら一歩ずつ進めることを忘れてはなりません。

◇これからプロジェクトを指揮するあなたに

プロジェクト責任者は、ひとつのプロジェクトがすべて終わったとき、ようやくプロジェクトの全体像が見えてくると言われます。それだけプロジェクトの運営はむずかしく、再現性がないことから、初期段階で全体を俯瞰することは困難とも言えます。

いつプロジェクトを任されるチャンスが訪れるかわかりませんが、常日頃から先達の失敗や知見を頭に置き、自分だったらどうするかを考えておくことは大切です。来るべきそのときに備えて、本書がその一助となれば幸いです。

2014年5月吉日

和田　憲一郎

成功する新商品開発プロジェクトのすすめ方　目次

5章　プロジェクトを実行する（第3フェーズ）

4つのポイントを情熱を持って実行する

6章 プロジェクトを試す（第4フェーズ）

2つのポイントがカギ

装丁・DTP　春日井 恵実

1章

プロジェクトを定義する

（第1フェーズ）

プロジェクト進行のプロセス①

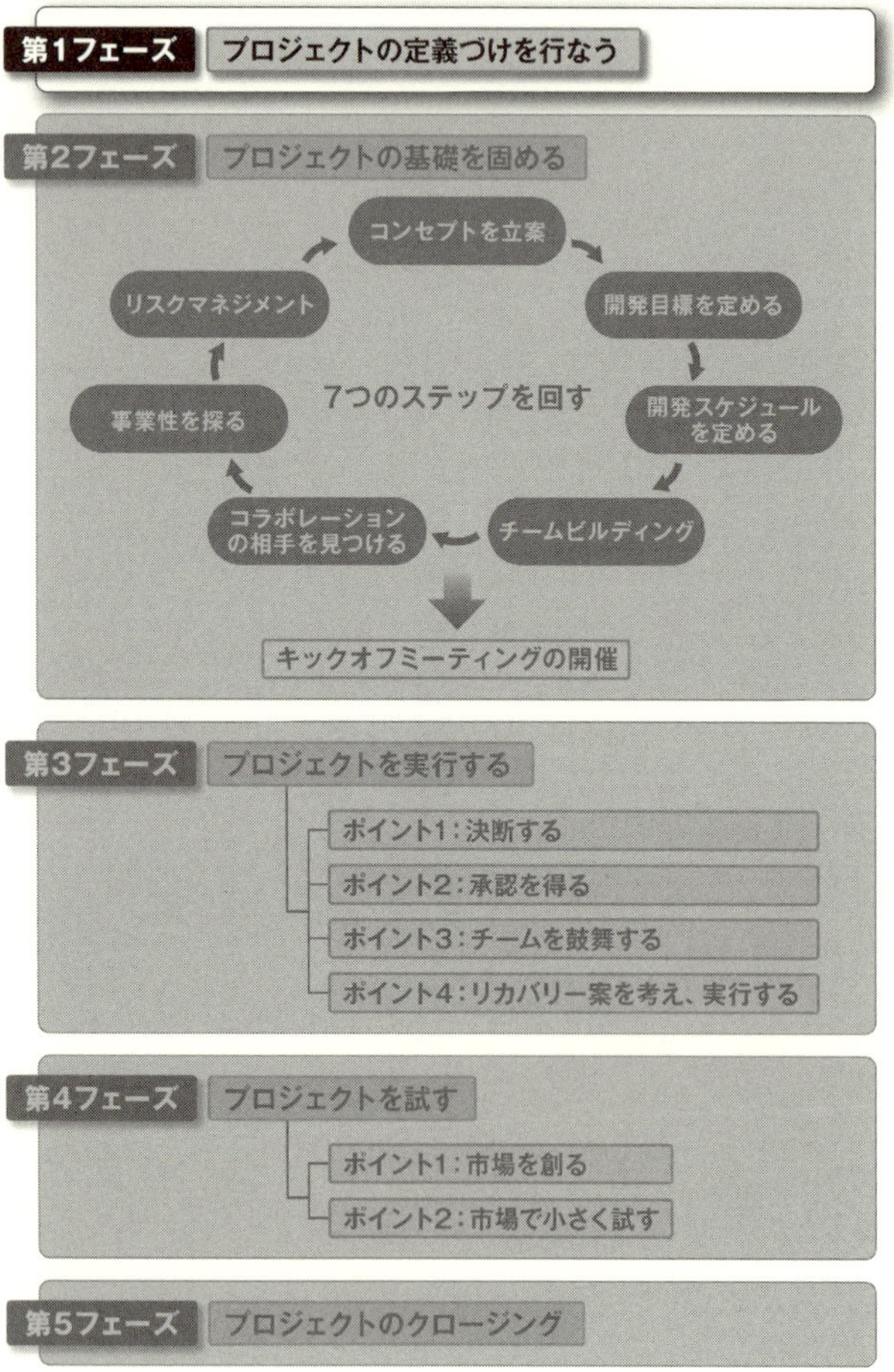

第1フェーズ
プロジェクトの定義づけを行なう
第2フェーズ
プロジェクトの基礎を固める
コンセプトを立案
開発目標を定める
開発スケジュールを定める
チームビルディング
コラボレーションの相手を見つける
事業性を探る
リスクマネジメント
7つのステップを回す
キックオフミーティングの開催
第3フェーズ
プロジェクトを実行する
ポイント1：決断する
ポイント2：承認を得る
ポイント3：チームを鼓舞する
ポイント4：リカバリー案を考え、実行する
第4フェーズ
プロジェクトを試す
ポイント1：市場を創る
ポイント2：市場で小さく試す
第5フェーズ
プロジェクトのクロージング

1 プロジェクト責任者の心得とは

■プロジェクトの全体像を考える

プロジェクトとは、pro+ject＝「前方（未来）に向かって投げかける」という意味とのこと。ある目的を達成するために、始まりがあって終わりがあるものとも言えます。プロジェクトを成功させるためには、まず最初に、プロジェクトの「始まりから終わりまで」の全体像を正しくつかんでおかなくてはなりません。

プロジェクトにはいろいろな形がありますが、新商品の開発プロセスは、責任者のアサイン（任命）に始まり、商品のコンセプト、デザインの確定、事業計画の企画段階、社内のキックオフミーティングを経てプロジェクトを動かしていく実行段階、完成した商品を市場で試す実証段階、そして最後に量産を行ない、発表・発売などの最終段階があります。

本書では、プロジェクトの責任者にアサインされた人を想定して、まずプロジェクトの全体像を示し、全体を5つのフェーズに分けて、**各段階で主に何をしなければならないか**を中心にまとめました。

プロジェクト成功のためには、初期段階である「プロジェクトを定義する段階（第1フェーズ）」と「プロジェクトの基礎を固める段階（第2フェーズ）」がもっとも重要であることから、とくに詳細に説明しています。

現実のプロジェクトでは、中断・中止となることも稀ではありません。その原因を探っていくと、「プロジェクトを定義する段階」と「プロジェクトの基礎を固める段階」での詰めの甘さに起因することが多いのです。つまり幾度も初期段階に戻ってやり直しをしているうちに、日程上のタイミングを逃してしまい、最終的には中止となってしまうことに繋がるのです。

では本書の構成と内容の概略をざっと紹介しておきましょう。

【第1フェーズ】プロジェクトの定義づけを行なう

ここでは、アサインされたプロジェクトの責任者として、最初に考えておかなければならないことを記しました。ここを飛ばして、上司から「とにかくすぐに計画を立てて明日から実行だ！」とせかされてプロジェクトを始動させてしまうことがありますが、そんなケースは、たいていい途中でやっていることの骨格がはっきりしなくなり、クルマ用語で言うスタックとなってしまいます。

プロジェクトの責任者として、他の人はともかく、自分自身で最初に全体像を俯瞰し、どこにプロジェクトの困難さ、山・谷・地雷原があるかを想像してみてください。その上で、プロジェクトに取り組むにあたって自分の得意技は何か、何で勝負するかを考えなければなりません。

【第2フェーズ】プロジェクトの基礎を固める

あなたは自分なりの考え、自分なりの強みによって、プロジェクトを動かしていこうと決心しました。しかしプロジェクトは一人では動かすことができないため、あなたが考えた方針をベースに、チームとして基本要件を固めるフェーズが必要となります。

これが第2フェーズであり、もっとも重要と思われるフェーズです。プロジェクトとしての基本的な要件をメンバーと議論し、最終的にプロジェクトの形として取りまとめるステージです。

ここでは、そのための重要事項を7つ選び出していますので、それをステップとして内容を詰めていきましょう。それぞれが一度で決まるものではなく、幾度かこのサークルを回す必要があります。

ステップ1：コンセプトを立案する
ステップ2：開発目標を定める

ステップ3：開発スケジュールを定める
ステップ4：チームビルディング
ステップ5：コラボレーションの相手を見つける
ステップ6：事業性を探る
ステップ7：リスクマネジメント

この7つの内容がまとまった段階で、いよいよ**ステップ8「キックオフミーティングの開催」**です。

「キックオフミーティング」では、直属の上司のみならず、役員などの幹部にも出席していただき、プロジェクトへの意気込みを語ってもらうようにします。また、チームメンバーも正式なものは決まっていなくても、部や課といった機能別組織からできる限り代表者を招聘します。不思議なもので、ここに参加したメンバーが後々正式メンバーとなることが多いのです。

【第3フェーズ】プロジェクトを実行する

プロジェクトの実行フェーズです。正直、ここは血みどろの戦いの場となります。毎日、問題が発生し、毎日が決断を迫られる場です。さらに、実際に費用が発生することから、予算の消化具合も気になります。予算外・想定外のことが起こるため、費用捻出などで社内の財務・

経理部門との折衝も重要な仕事となります。

佳境に入ってくると、あまりの苦しさやストレスでメンバーに落伍者が出たり、チーム内に不協和音が起きてくることもあります。

【第4フェーズ】プロジェクトを試す

プロジェクトの実行段階が切り抜けられれば、ほぼ満足のいく形で新商品ができあがるでしょうが、ここで2つの重要なことを試さなくてはなりません。

ひとつが、**「市場を創る」**ということです。コンセプト段階でプレゼン資料などを用いて新商品の説明をしても、一般ユーザーの評価はわかりにくいものです。ところが、人は「現物」を見ると俄然関心を示します。またよいところ、悪いところを瞬時に判断し、指摘します。そこでユーザーの反応を確かめてマーケットを創造しなければならないのです。

もうひとつの重要なことは、**「小さく試す」**ということです。いくら社内で試験を実施してみても、ユーザーの使い方がすべてわかるわけではありません。また社内試験では出てこない不具合もあるでしょう。

こうしたことを、商品を大規模に市場に投入する前に、事前に少量で試し、評価することがとても重要です。その結果は迅速に量産に向けてフィードバックすることが肝要です。

【第5フェーズ】プロジェクトのクロージング

最後はプロジェクトのクロージングです。新商品の場合であれば、**発表・発売**というビッグイベントが控えています。また市場投入後、少なくとも3ヶ月は**ユーザーからのフィードバック**にとくに注意しなければなりません。万が一、重大な不具合などが発見されれば、至急に対応策を取る必要が出てきます。

社内では、発表・発売後、各メンバーがいったん落ち着いた頃にプロジェクト完了報告会となります。この場は反省会という意味合いだけでなく、今回のプロジェクトのよかった点、うまくいかなかった点をサマリーとしてまとめ、社内プロジェクトに伝承していくことが大切になります。

■あなたがアサインされたのはなぜか

あなたは新商品開発プロジェクトの責任者に選任されました。なぜあなたが選任されたのでしょうか。実はプロジェクトの責任者を選ぶのは非常にむずかしいことです。

では、どのような資質を持った人がプロジェクトの責任者として適任なのでしょうか。数多くの要素がありますが、次の5つの資質・経験を備えていることは必須です。

①特定分野について深い知識・経験がある

特定分野において、深い知識・経験を持っていることが大事であることは言うまでもありません。ある分野を極めた経験があることは、たとえ分野が異なっても**ものごとを論理的に理解し判断する**ことが可能と思われます。プロジェクトの責任者は、より俯瞰的な立場からものごとを判断する必要があり、専門的な知識や経験を持っていることは重要な資質です。

②これまでに小さなプロジェクトをリードしたことがある。もしくはプロジェクト責任者の側近として、プロジェクトを動かした経験がある

小さなプロジェクトを責任者としてリードした経験も重要です。もしくは側近として責任者を補佐した経験でもいいでしょう。プロジェクトの規模は異なるかもしれませんが、ターゲットの設定、運営方法、メンバーとのコミュニケーションなど共通点があるからです。

ただ小規模のプロジェクトは、既存のプロジェクトの延長上であることが多いのに対し、新商品開発プロジェクトは、前例主義では切り開けないところもある、という大きな違いがあります。

③プロジェクトに対して自分なりの意見を持ち、情熱を持って対応できる

新商品開発の場合は、ビジョンや戦略づくりも重要です。その際に必要となるのが、まず「自分はどうしたいのか」という強い意志を持っていること、さらに「それをどうやって実現していくか」、柔軟な発想と実行しようとする熱い気持ちです。

ここにプロジェクトの責任者としての特色が現われ、その人の持つエネルギーによってプロジェクトが推進していくことになります。

④過去にリスクを取り、失敗した経験がある

自らよいと考えて実行したにもかかわらず、結果的に失敗することはあります。そのとき、失敗をどう捉え、将来に活かそうとしたのか、どうリカバーしたかは、プロジェクトは違っても大きなバックグラウンドになります。

⑤プロジェクトが困難な状況に陥っても、チームを鼓舞しリカバーできる

最後に、新しいプロジェクトには困難がつきものです。倒れても起き上がり、また倒れても起き上がるというように、どんな困難にぶつかろうとも立ち上がってチームを鼓舞し、何とか成し遂げていかなければなりません。

そのためには愚直とも言える粘り強い気持ちが必要です。

図1-1　プロジェクト責任者に必須の5つの資質・経験

プロジェクトの責任者に求められる要素

- 特定分野に深い知識・経験を有する
- 小さなプロジェクトでもリードしたことがある
- 自分なりの意見を持ち、情熱がある
- 過去にリスクを取り、失敗した経験を持つ
- 困難な状況でも、チームを鼓舞できる

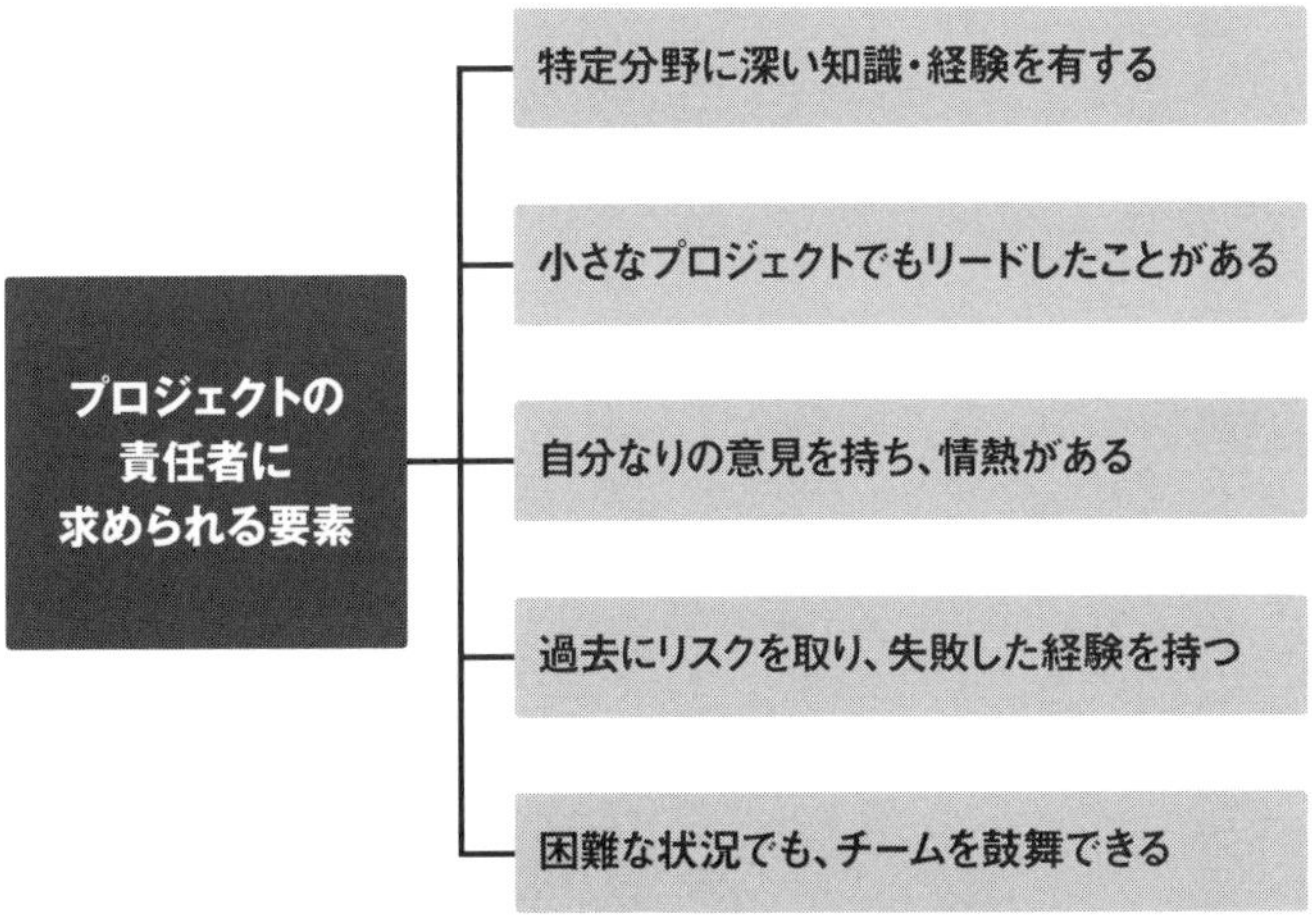

不確実性が高いプロジェクト責任者には、さらに＋αの資質が求められる

さて、あなたはどのような視点でプロジェクトの責任者に選ばれたのでしょうか。

頭がいいからでしょうか？　それもないとは言えないでしょうが、不確実性が高いプロジェクトの責任者として、選任者はもっと別の観点からあなたを評価しているのではないでしょうか。そして熟考の結果、プロジェクトの責任者にもっともふさわしい人物としてあなたを選任したのです。

プロジェクトと自分の関係をどう捉えるかについて、経営学者のピーター・ドラッカーは、「リーダーは職務の重要性に比べれば、自分自身のことなどとるに足らないことを自ら認識しなければならない。自らを職務の下におかなければならない」と言っています。

「何のためにこのプロジェクトをやるのか」「他とは異なる自分なりの考え方は何なのか」「プロジェクトに対する自らの使命は何か」などを、プロジェクト開始前にじっくり考えてみてください。こうしたことをしっかり固めることが、今後激しい荒波に出会ったときのバックボーンとなるからです。

そして、できれば実際に紙に書いて貼り出し、自分に言い聞かせながらプロジェクトを進めることを提案します。最初に言っておきますが、**プロジェクトの責任者は大役であり、規模が大きければ大きいほど胃に穴があくほどの重責が伴います。**

最初の段階で責任者の覚悟が揺らぐと、プロジェクトそのものが成り立たなくなります。プロジェクトをスタートする最初に考えたい項目です。

■プロジェクトの目的は何か

プロジェクトの責任者は、プロジェクトそのものの意義を考える必要があります。

一般的にプロジェクトは、大きなプロジェクトであるほど企業の事業計画と直結して、その成果（売上や利益）がすでに年度計画に盛り込まれていることが多くなります。つまり、プロジェクトの成功を前提に事業計画が立てられており、失敗は許されません。

プロジェクトとは、**「スケジュールどおりに開発し、収益性を確保したうえで、品質的に問題のないものを世の中に提供することである」**とよく言われます。プロジェクトの責任者の役割が、「日程、収益性、品質目標を達成すること」であると言われる理由はここにあります。

ところが、クルマの世界でもよくあることですが、スケジュールどおりに開発し、収益性も開発時点では社内基準を上回り、品質的に問題のない商品でも、発売してみるとまったく売れないことがあります。

このような商品の日程・収益性・品質目標が達成できたのは、主に以下のような理由からです。

「あまり目新しい技術を盛り込まず冒険しなかったため、日程に遅延が出なかった」

「共用化の名のもとに新規開発をあまりせず、従来品を多用したことによりコストが低減し、結果的に収益性が増すとともに品質も向上した」

しかしこうした商品では、ユーザーから見ると多少の変更はあったとしても、何ら目新しさを感じませんし、興味もわきません。そのため話題にもならず、結果的に販売は低迷し、プロジェクトは失敗に終わったという構図が浮かびあがります。

つまり、日程・収益性・品質目標を順守することは大切ですが、私の経験から言うと、計算上、最初から収益が見込めるプロジェクトほど、既存のプロジェクトをなぞっているだけの**「冒険がない危ないプロジェクト」**なのです。

2 プロジェクト責任者としての姿勢とは

■あえてリスクを取りにいく

現代のように価格競争が厳しく、すぐに技術や情報が陳腐化してしまう状況では、プロジェクトの責任者に対して、**「新しいアイデアで別角度から攻め、高品質で低価格、そのうえできっちり事業性も確保した商品を日程どおり開発する」**ことが求められます。

平たく言えば、プロジェクトの責任者には、ほとんど不可能を可能にするような「スーパースター的能力」が求められているのです。

企業は投資に対する成果（売上や利益）を求めますが、過去の経験を踏襲した普通のやり方では到底望む結果は実現しないことから、プロジェクトの責任者は、リスクを避けるのではなく、あえてリスクを取りにいくことの必然性が出てきます。

そこでプロジェクトの責任者はリスクがあることを承知で、新しい技術を開発して新商品に搭載しようとします。しかし、そのためには多くのハードルを越えなければなりません。

新規開発部品のため価格が高くなることを理解したうえで、積極的に原価低減策を実施し、目標値に近づけようとします。また新部品の場合は品質管理手法も定まっていないので、管理部門と一緒に品質管理手法を考え、日程を守りながら目標コスト内に収めるよう、事業性を確保していかなければなりません。

たとえて言えば、新商品開発プロジェクトは、静かな近海を航行する安全航海ではなく、リスク覚悟で荒れ狂う大海原を目指す大航海のようなものであると言えます。

だからこそ、「プロジェクトの意義」を、責任者は与えられた狭義の範囲で捉えるのではなく、**より多くの人から知恵やサポートが得られるよう、大きな視点で捉える**ことが必要になります。開発する新商品の社会的意義を実感できたり、多くの人のライフスタイルにまで影響を及ぼすことがわかれば、より多くのサポーターの支援に繋がるからです。

では、その意義をどのように見つけたらいいのでしょうか。

■プロジェクトの意義の見つけ方

①そのプロジェクトに必然性はあるか？　ないなら作れ！

大きなプロジェクトは事業戦略の一環ですが、小さなプロジェクトの場合、事業戦略との関係が明確でなく、単独に存在しているようなケースがあります。もしくはマーケットリサーチ的な意味合いで新商品を出そうとする場合があります。

このような場合、プロジェクトの責任者はその存在意義を自ら作ってでも、最初は社内に、そして後々、社外にもアピールしていくことが必要です。

たとえば新車の開発の場合、新しいクルマに対する市場があるかどうかわからないために、まず少量生産して市場に投入することがあります。しかしこれは大量生産を諦めているわけではなく、市場での反応がよければ、量産する可能性を秘めた開発となります。

プロジェクト責任者は、そうした可能性を追求していかなくてはなりません。

②社内の他のプロジェクトと関係はあるか？　ないなら作れ！

最初から社内の重要プロジェクトであると位置づけられている場合は問題ないのですが、そうでなければ、関連が薄そうであっても、社内の他のプロジェクトと何か繋げることはできないかを考えることが大切です。これも自らのプロジェクトをアピールするためです。

他プロジェクトの橋頭堡という位置づけでもいいかもしれません。現在は繋がっていなくても、繋がりそうであれば、無理やり関連づけて繋げることも必要です。

③他企業とのパートナーシップはあるか？　ないなら作れ！

今の時代、一企業の一プロジェクトだけでやれることには限りがあります。そこで他企業とパートナーシップを結ぶことにより、大きな飛躍のキッカケとなることがあります。

しかしその場合、実証試験や市場展開などを含めて、初期の段階でどの企業と組むのが適切か、よく考えなければなりません。また社外とのコラボレーションを図るのは、情報の秘匿管理の問題もあるので、どこで仕掛けるかタイミングに注意する必要があります。

④行政の方針とリンクしているか？　ないなら作れ！

一見関係のないような事象でも、行政が行なおうとしている方針と方向性が同じであれば、プロジェクトをリンクさせることが可能かもしれません。リンクさせた結果、自分達のプロジェクトが政府系プロジェクトに参加する可能性が出てきたり、行政の支援（補助金）などサポートしてもらえることにも繋がるかもしれません。

⑤ユーザーに驚きを与えられるか？　ないなら作れ！

もし与えられた条件にユーザーに対してのサプライズがないのであれば、プロジェクトの内容を見直し、早い段階からチャレンジしなければなりません。社内外にアンテナを高く立て、世の中に出たとき、「すごい！」と言ってもらえるような商品づくりを目指す必要があります。

■プロジェクトの格上げを考えよ！

一般的なプロジェクト・マネジメントの方法としては、あまり触れられていないことがあります。「プロジェクトの格上げを考えよ」ということです。

「そんな不遜な！」と思われるかもしれません。それは、プロジェクトを任された立場からすれば、担当するプロジェクトは与えられたものであり、範囲もほぼ決定されているものと思っているからではないでしょうか。

確かに受注した公共工事のような仕事では、発注側の条件が設定されており、その範囲内で仕事を進めることが肝要です。

しかし、新商品開発の場合はどうでしょうか。たとえプロジェクトの内容が決めてあったとしても、それは大枠だけであり、肉づけや範囲の設定はこれからという場合がほとんどです。アサインされた直後では、予算、人員、設備などにある程度枠はあっても、実態はきっちり決まっていないのが実情ではないでしょうか。

このような中でプロジェクトを成功させるためには、任された時点から将来も含めて、どこまでプロジェクトを格上げできるかを考えることが大切になります。理由は明快です。**上層部から注目されていないプロジェクトには、優秀な人材や十分な予算が回ってこない**からです。

応援してもらえないプロジェクトは、人員、予算にいつも苦しみ、プロジェクトの責任者がどんなに頑張ってもうまくいかず、最後にはチームに不協和音が生じたり、分裂して消えていくことが多くなります。

逆にプロジェクトが格上げされ、社内から重要プロジェクトと見なされると、がらっと展開が変わります。まず有名プロジェクトに一枚加わろうと、多くの人の見る目が違ってきます。もしメディアに注目されるようなことがあれば、まるでフラッシュモブのようにどんどん人が参加しようとするでしょう。

そのためプロジェクトの責任者には政治力が必要です。自分の上司、さらにその上の役員、社長、会長などに機会を捉えてプロジェクトの意義を説明し、よき理解者になってもらう必要があります。

ただし、どこの段階でどう説明するかは、タイミングを見計らうことが大切です。あまり早すぎても不発に終わってしまいます。

■どうやってプロジェクトを格上げするか

ではどのようにしてプロジェクトを格上げするか、具体的な方法を提案しましょう。

図1-2　プロジェクトの格上げを考える

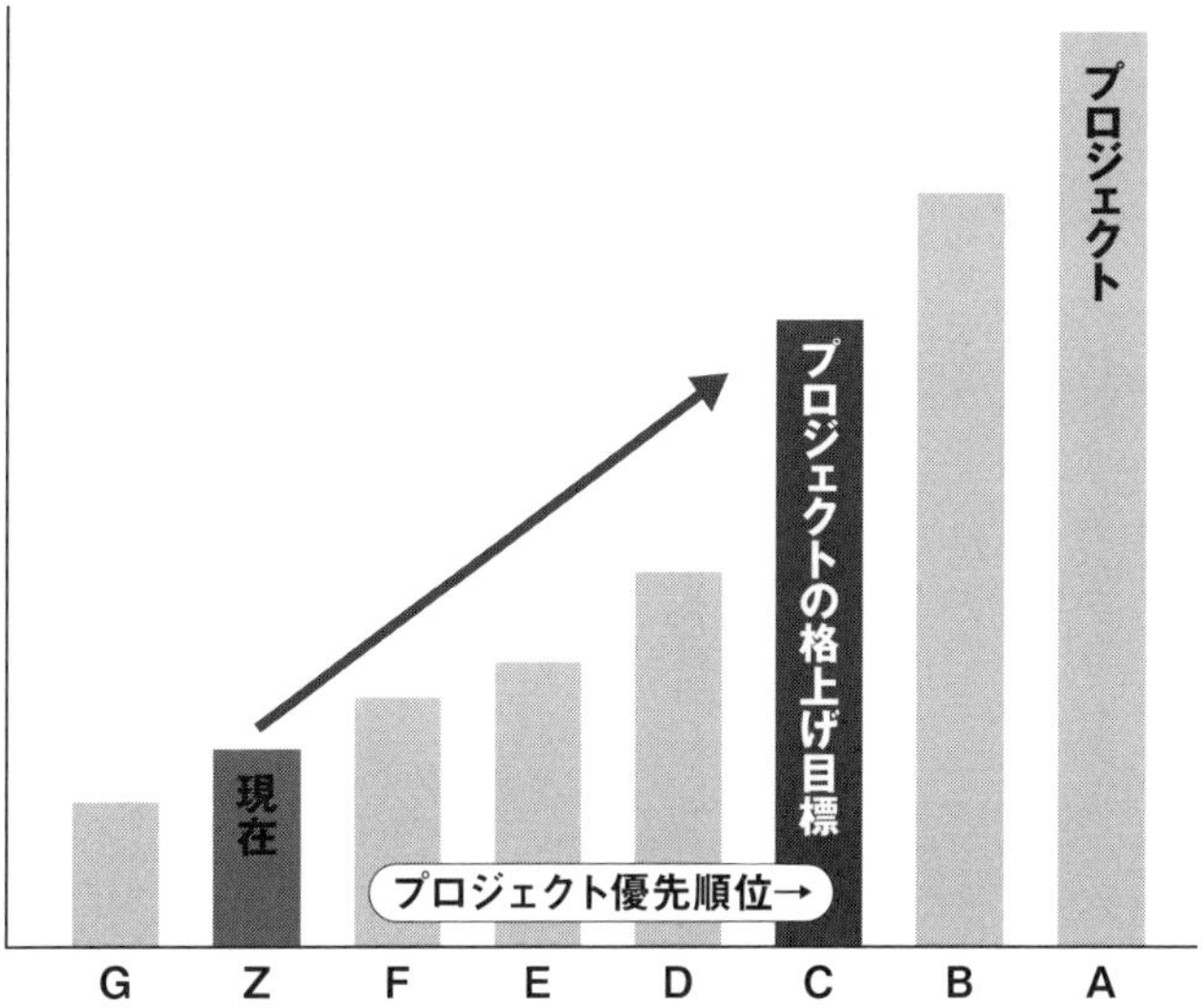

社内で重視されていないプロジェクトには
優秀な人材や十分な予算が回ってこない

◎社内の一流エンジニア、発想豊かな商品企画者、抜群の成績を誇る営業責任者など、プロジェクトには直接関係がなくても、どこかのタイミングで参画してもらえそうな**実力者に話を詰めておく**ことです。有力者が参加すると社内の見方が変わります。

◎プロジェクトを広めるための**キャッチコピーなどを作る**ことも有効です。キャッチコピーがイメージとして先に浸透する場合もあります。コアとなる関係者が集まり、プロジェクトの節々でどのようなキャッチコピーでアピールするか、考えてみてはどうでしょうか。

◎社内の顧問的立場の人、もしくは長老を味方につけましょう。どんな会社にも、経験豊かで**経営幹部に直接、物申すことができる顧問もしくは長老のような人**がいるはずです。そのような人に説明し、プロジェクトの味方になってもらうように仕掛けてはどうでしょう。

そのような人を通して経営幹部に噂が広まっていきます。

◎**パートナー候補の企業と勉強会、交流会を開始する**ことも有効です。いきなり他社とコラボレートしようとしても、まずは双方が警戒することから、勉強会、交流会などを通して意思の疎通を図っていくのです。また機を見て上層部にも会に出席してもらい、パートナーとしてお互いに協力していく機運を作っていくことも大切です。

◎プロジェクトに関係のある大学教授、公的機関の責任者、中央官庁などの責任者などと意見交換を行ない、交流を深めていく方法もあります。後々、大学教授などに顧問的役割をお願いすることもあるかもしれませんし、ＰＲにも繋がります。

最後に、プロジェクトの格上げを狙うと言っても、プロジェクトを任された直後から人員増加や予算のことを言い始めると、周囲から煙たがれかねません。ものごとには順序があり、どこでどのように格上げしていくか、**時間軸によるシナリオを組んでおく**ことが、この段階でもっとも大切なことです。

3 プロジェクト責任者の立場とは

■プロジェクト責任者の権限はあまりない？

プロジェクトの責任者にアサインされたとしても、大きな権限を持ったと思うのは大きな勘違いです。また、プロジェクトの責任者なのだから、全権を委任され、自由に振る舞うことができると思うのも勘違いです。

現実にはプロジェクトの責任者ができることは極めて限られています。

たとえば、次のようなことは実施困難です。

人事権……プロジェクトと機能別組織がマトリックスに形成されている企業では、人事権は機能別組織にあり、メンバーをアサインしたり評価する権限はプロジェクトの責任者にはありません。最近は360度評価のように、機能別組織からその人の活動状況を問われることはありますが、最終評価は機能別組織に委ねられます。

このようにチームメンバーのアサインは機能別組織に委ねられています。自分達のチームにどれだけ優秀な人材がほしくても、社内には数多くのプロジェクトが立ち上がっており、人的に逼迫している中では十分な量・質ともに確保することは困難です。

予算執行権……企業によって異なるかもしれませんが、プロジェクトが予算執行権を持っているところと、そうでないところがあります。予算執行権を持っていない場合は、持っている部門に常にお願いをするしかありません。

仮にプロジェクトが予算執行権を持っていたとしても、役員会などで事業計画の承認を得ないと使えないことも多く、また費用や予算がオーバーする場合は、事業計画の見直しならびに財務部門等との調整に時間を要することになります。

各種試験の実施や試験設備……一般的にプロジェクトは試験のための人員や設備を持つことがないため、当該の機能別組織に働きかけなければなりません。新商品開発のために試験設備を新設する必要がある場合は、予算獲得の事前調整も含めて機能別部門と一緒に奔走することになります。

このようにプロジェクトの責任者が持っている権限は、実はあまりありません。欧米に比べると日本ではとくにそのような傾向があるようです。

確かにプロジェクトを任されたのですから、そのプロジェクト内容を決定する一定の権限はあります。しかし、人事権等、重大なことに関する決定権についてはほとんど権限がないので、メンバーや周囲に権力を振りかざそうとしても役に立たないのが実態です。理由は簡単です。実態として権限のない人に対しては、もしその人の意見や指示が嫌であれば、面従腹背して従わなければいいだけなのですから。

■最強の武器は「情熱と説得力」

では、プロジェクトの責任者が持つことができる武器とは何でしょうか。

私は基本的に2つあると思っています。ひとつは、**「プロジェクトに対する情熱」**です。これはありとあらゆる場面で活用できます。まず新商品開発に対し、自分なりに考えた独自のアイデアを周囲に説明し、プロジェクトの成功のために協力を依頼するのです。

プロジェクトに対して、責任者が熱い気持ち持っていない限り、そのプロジェクトは成功するはずがありません。逆に言えば、プロジェクトの責任者が熱い気持ちを持っているからこそ、その情熱がチームメンバーや社内外の人に伝播し、パワーが生まれることになります。

常に情報を発信し、周りを巻き込んで激しく動いているプロジェクトがあるかと思えば、ひっそりと活動状況がわからないプロジェクトもあります。何をやっているのかわからないプロジェクトは、与えられたテーマだけを、手順どおりにやっていればいいと考えているのかもしれませんが、このようなプロジェクトの成否は言うまでもありません。

もうひとつの武器が、**「説得力」**です。

実はこれが、プロジェクトの責任者が持つことのできる最強の武器ではないでしょうか。プロジェクトの責任者は、プロジェクトに関してどこに行って誰に何を話してもいい権利、つまり**フリーハンドの権利を与えられた**と思ってもいいでしょう。

たとえば、機能別組織の部長、もしくは本部長などの上級管理職に「少しご相談したいことがあるので、お時間をいただけないでしょうか？」と言って、プロジェクトについて、今後に必要となる人員規模・質・タイミング、さらにはそれ以外の無理なお願いなど、**ありとあらゆることが相談可能**になります。

面談相手は、プロジェクトの責任者に対して、そのプロジェクトの責任を負っていると認識するだけでなく、もっと大きな視点から話を持ってきていると思うはずです。

また機能別組織の部長はその直属の上司と繋がっていますが、プロジェクトの責任者は会社の上層部も含めて、いろいろな職制・階層と繋がっており、プロジェクトが格上げされて有名になればなるほど、機能別組織の管理職もプロジェクト責任者に一目置きます。

とくに自動車会社では、新車を開発するプロジェクトの責任者(プロジェクト・マネージャー、主査、チーフエンジニアなどいろいろな呼び方がある)に対しては、伝統的に特別にリスペクトの念を持って話を聞く傾向があります。それは自動車会社の人間は、新車の売れ行きが企業業績に直結することを痛いほど知っているからでしょう。

また、たとえばプロジェクトの責任者が機能別組織の部長と、何か話をしているシーンを見かけた部門の人達は、何かが動き始めていることを察知し、プロジェクト・チームに誰がアサインされるかなど、何となくそわそわし始めるものです。

もちろん、チームに参加してもらうような話は、プロジェクトの責任者が自ら話を持っていったほうがいい場合と、プロジェクトのオーナーとも言うべき上司から当事者に伝えてもらったほうがいい場合の両方があります。

いずれにしても、経営幹部や協力会社等への相談・説得も含めて、プロジェクト責任者にとって「説得力」は大きな武器になります。この力を活用できるか否かが、プロジェクトの成否に大きな影響を及ぼすでしょう。

2章

プロジェクトの基礎を固める①

コンセプトを立案し開発目標を定める（第2フェーズ①）

7つのステップを回してプロジェクトの基礎を築く（ステップ1～2）

プロジェクト進行のプロセス②

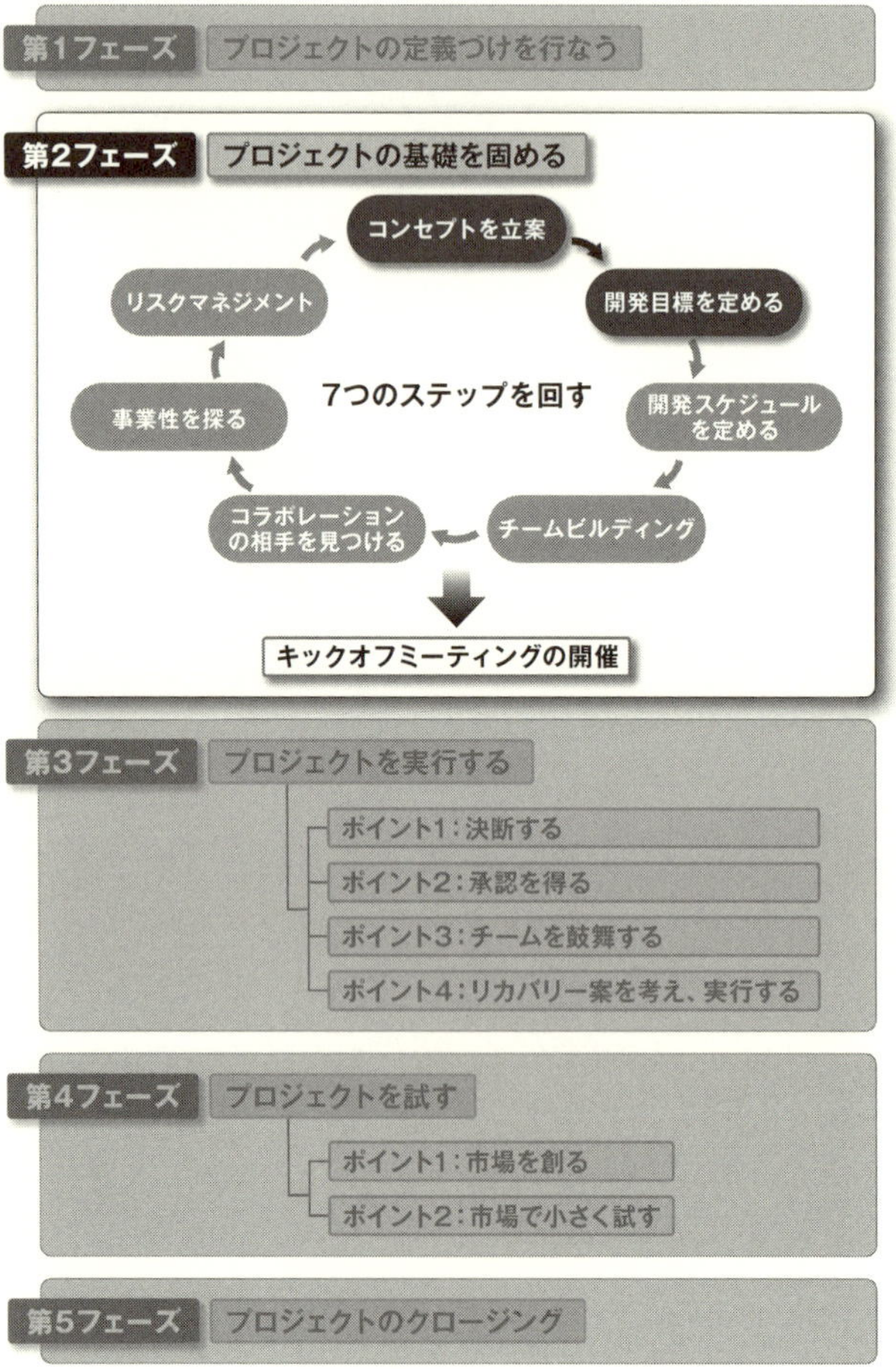
第1フェーズ
プロジェクトの定義づけを行なう
第2フェーズ
プロジェクトの基礎を固める
コンセプトを立案
開発目標を定める
開発スケジュールを定める
チームビルディング
コラボレーションの相手を見つける
事業性を探る
リスクマネジメント
7つのステップを回す
キックオフミーティングの開催
第3フェーズ
プロジェクトを実行する
ポイント1：決断する
ポイント2：承認を得る
ポイント3：チームを鼓舞する
ポイント4：リカバリー案を考え、実行する
第4フェーズ
プロジェクトを試す
ポイント1：市場を創る
ポイント2：市場で小さく試す
第5フェーズ
プロジェクトのクロージング

ステップ1

コンセプトを立案する

いよいよプロジェクトの基本計画立案段階に入ります。初期段階で固めなければならない要件は数多くありますが、中でも重要と思われる7つの項目（第2フェーズ）を選び出し、それぞれについてどのような考え方で進めていけばいいのかを記しました。

この7つのステップを迅速に回していく中で基本計画が固まってきます。これを徹底的に実践しましょう。

■現状を徹底的に調査する

コンセプトは、どのような新商品を開発していくのか、そのコアになるものです。他の様々なプロジェクトにおいても、**プロジェクトの目的を明確にする大事な第一歩**です。

新商品開発プロジェクトであれば、あなたがアサインされた分野や商品が初めて手がけるものであるならば、まず徹底的に現状を調査することをおすすめします。

「これから開発しようとしている商品の周囲はいったいどうなっているのか」。人から聞いた話ではなく、**ぜひとも自分の目で見て、耳で聞いて確認**し、その商品について知る人に何度も質問をぶつけてみてください。しだいに真実が明らかになっていくことでしょう。

少なくとも、最初にアサインされたときに聞いた話と、その後にくわしく調査した後ではだいぶ話が違っており、「こんなハズではなかった！」ということに気がつくかもしれません。もしくは、言葉は悪いですが、「ハメられた！」と思うこともあるかもしれません。

しかし、それが現実です。上司から聞いた話を鵜呑みにするのではなく、まず**自分自身でしっかりと現状を認識**してください。

■歴史を紐解きトラウマがあるときは要注意！

開発する商品について関連分野の現状を徹底的に調べるだけでなく、もうひとつ調べることがあります。

それは、**「過去に類似の商品を販売したり、販売までいかなくても商品化を試みたことはないか」**ということです。また同様のプロジェクトはなかったかということです。

関連商品の歴史を紐解いてみると、技術レベルは異なっても、自社、他社も含めて5年前、10年前に類似の商品が存在しているケースはかなりあります。

自社の場合であれば、過去の資料を調査したうえで、すでにリタイアされた方であっても、

直接その商品開発に携わった人に確認することを推奨します。

ただ日本の企業文化として、過去の失敗事例については、きちんとした資料が存在しなかったり、中止になった途端にそこで打ち切られていて、何が原因で失敗にいたったのか総括できていないことがあります。しかし、そこを念入りに調査することで、今回のプロジェクトを進めるにあたって留意すべき発見が必ずあるでしょう。

過去の事例でむずかしいのは、以前に発売していて、**ユーザーに悪いイメージが浸透してしまっている例**です。言わば心的外傷である「トラウマ」になっており、それを払拭しようとしても困難な場合です。このような場合は、ユーザーに新しい商品の話を持ち掛けても、頭から否定されて話すら聞いてもらえません。

白紙の状態から出発することをゼロからの出発と言いますが、このような場合はゼロではなく、大きなマイナスを背負った水面下からの出発となります。

過去に自社・他社を問わず、目を背けたくなるような失敗をした歴史があるのであれば、ぜひとも当時の体験者に面談し、どのようなことがあったのかをヒアリングすることをおすすめします。

電気自動車の場合も、まさにこのトラウマがありました。1970年代、1990年代と二度にわたって複数の企業で電気自動車が開発され、少量販売された経緯があります。

しかし、二度とも、「最高スピードが遅くて高速道路を走れない」「電池容量がまだ半分あると思っていたら、鉛電池の信頼性が低く、突然、容量がゼロになって交差点で止まってしまった」など、運転していて痛い目にあった人が多かったのです。

環境に優しいとは言っても、クルマの完成度という面では多くの課題がありました。

このため、私が担当した電気自動車の開発プロジェクトでは、過去の痛い事例の克服策としては、単にペーパー上の説明やプレゼンはまったく役に立ちませんでした。そこで、過去の信頼を失った経験は、結局、試乗という新たな実体験をしてもらうことでしか払拭することはできないとの思いで、多くの経験者に試乗していただきました。

■受容性調査はユーザー意見の翻訳がカギ

現在、想定している**商品コンセプトの市場での受容性や、現在の市場の状況を知る**ことも大切です。

マーケティングの話になりますが、想定している商品の市場性を知る方法として、初期段階では**ウェブ調査によるユーザー候補者のアンケート**があります。これは作りたい商品のイメージや利点を挙げ、「価格」「使用する場所」「使い勝手」「他製品との違い」などについてユーザーの声を聞くものです。

最近はウェブ調査も充実しており、かなり絞り込んだ形でユーザーの傾向がわかるようになってきました。ただし、本当の生の声を聞くことができるわけではないので、そこは勘案する必要があります。さらに、もう少し詳細な状況が知りたい場合は、**ユーザーインタビュー**があります。これは直接ユーザー、もしくはユーザー候補の人に意見を聞くものです。

こうした調査は、マーケティング部門を中心に行なうか、もしくは専門の調査会社に依頼する場合もあります。

クルマの場合で言えば、5〜6名の人に集まってもらい、自由な意見を聞くことがあります。最初は初対面のこともあり遠慮がちなのですが、途中からズバズバと鋭い指摘が出始め、辛辣な意見にタジタジとなることもあります。

このような実際のユーザーの生の声の中には、改良のヒントになることが多々あります。

なお、ここで注意しなければならないのは、ユーザーの意見は、**「過去の経験や、現在売られているモノを基準に答えているものであり、将来の商品についてではない」**ということです。イメージスケッチなどを見せて説明したとしても、どうしても現在のモノに引きずられて答える傾向があります。

ユーザー対象が女性である場合は、企業側も女性を揃えることが望まれます。相手がリラックスして、自由に意見を述べやすい環境を設定することも、有効なユーザーインタビューのカギとなります。

そしてまとめの段階では、プロジェクト責任者は、「ユーザーが言っていることの真意は何なのか」「どうすればその根底にある要望を満足させることができるか」など、**ユーザーの曖昧で多様な言葉の「翻訳」が必要**です。

翻訳された言葉を現在考えている構想と照らし合わせ、どのような特徴のある「商品力」を生み出していくかが、プロジェクト責任者の腕の見せどころになります。

■「ペルソナ分析」によるターゲット像の絞り込み

ターゲット像を具体的に絞り込む方法として、最近よく用いられているのが「ペルソナ分析」です。ペルソナとは、古典劇で役者が用いた仮面のことですが、スイスの精神科医・心理学者であるカール・グスタフ・ユングが、「人間の外的側面」をペルソナと名づけました。

マーケティングでは、Visual Basic を開発したエンジニアであるアラン・クーパーが、『コンピュータは、むずかしすぎて使えない！』の中で、「商品は機能を多くしてたくさんのユーザーに対応できるようにするより、たった一人のためにデザインしたほうが成功する」と、ユーザーとしてのペルソナ像を想定することを推奨したところから始まります。

その後、ジョン・S・プルーイットによる『ペルソナ戦略 マーケティング、製品開発、デザインを顧客志向にする』でマーケティング手法として紹介されて一気に広まりました。

このため、マーケティング上でのペルソナとは、**「企業が新商品を開発するときの、もっとも適正な顧客像」**として扱われることが多くなっています。つまり不特定多数をターゲットにするのではなく、「もっともこの商品を購入するのに相応しいと思える人を具体的に抽出する」ことで、そのユーザーに「どのように働きかけていけばよいか」に迫るものです。

いろいろなやり方がありますが、おおむね以下のような順で進行します。

①メーカー側から新商品に関するコンセプト、商品情報を提示する

②多くのアンケートや市場調査などから、商品にフィットしそうな顧客属性を決める

例：性別、年齢、住所、家族構成、職業、収入、趣味、生き方、友人関係など。

③顧客属性に合致する人の中から候補者を選び、直接インタビューを行なう

内容は、その人の持つ価値観や、ライフスタイル、将来の夢など多岐に及びます。

④ペルソナ像を作り上げる

インタビューから、考え方の背景や生き方など、ターゲットとなる人がどのようなモノ・コトに価値観を置いているかを定量的・定性的に分析して、ペルソナ像が作り上げます。

⑤ペルソナに対して商品戦略を立案する

ペルソナに対して、「新しい商品はどのような機能を持つべきか」「デザインで重視する点はどのようなことか」「どこに価値観を置くべきか」など、商品に関する戦略立案を行ないます。

たとえば、新しい軽自動車を開発するケースを例に取ってみましょう。

多くのユーザーの中から、コンセプトに合致しそうな人をアンケートやインタビューで絞り込み、具体的なペルソナ像を作り上げます。

【新軽自動車のターゲット・ペルソナ】

女性、年齢35歳。東京・吉祥寺の賃貸マンションに住み、子どもは6歳の女の子が一人。近くのウェブデザイン事務所に勤務しており、年収は500万円。趣味はラクロスと映画鑑賞。ご主人は都内の機械メーカーに勤務するエンジニアで年収は800万円。

クルマは5年前に購入した軽自動車で、使うのは主に週末（買い物とラクロスの練習）、平日はたまにショッピングセンターでする買い物程度。

最近、もっと自立した生き方をしたいと思っているが、まだ独立するまでにはいたっていない。友達が独立した話などを聞くとあせりを感じる。

図2-1　ペルソナ分析の手順

ペルソナ分析によりユーザーのイメージが統一され
一貫したテーマで商品力をアピールできる

このペルソナ像に対して自動車メーカーは以下のように戦略を立てます。

・どのようにライフスタイルとマッチさせるか
・そのために必要な機能は何か
・収納スペースには何を入れ、どれくらいの容量が必要か
・友達と一緒にドライブするときは、どのように自分を見られたいか

などを想定して、クルマとしての要件をまとめていきます。

ペルソナ分析のメーカー側のメリットは、人物像がひとつとなることから、デザイン・設計・製造・営業・広告などの各部門でのイメージが統一され、**一貫したテーマで商品力を打ち出せる**ことです。またユーザー側としても、「私のために作ってくれたような商品である」と認識してくれる確率が高くなります。

課題としては、多くの属性からインタビュー等でペルソナ像を絞り込んでいくため、どうしても定性的になり、像にブレが生じることかもしれません。またターゲットゾーンから外れたユーザーにとっては、少し違和感が生じることになります。

■商品をアピールする「飛び道具」はあるか

新しい商品を開発して発売しようとする場合、どのような特徴で勝負するのかを考えると思います。その場合、既存技術に新しいアイデアを加えようとすることもあれば、現在開発中の新技術を搭載しようと考えることもあるでしょう。

その特徴がずば抜けてすごくて、商品を代表するものは、「飛び道具」「キラーコンテンツ」「商品の目玉」などの名で呼ばれます。

とにかく、あっと言わせる技術やアイデアがないと、世の中にインパクトを与えるような商品は生み出せません。かのスティーブ・ジョブズは、マッキントッシュを開発する際、「私たちは勇者であり、開拓者であり、海賊である！」と言って、オフィスに海賊旗を掲げていたことは有名です。コンセプトを立てる際にも、**常識に逆らい、大胆な企てを起こす**ことこそ、今の時代に求められるものです。

一方、開発部門から、「できた！」と言って持ち込まれる案件があります。期待される新技術、新提案があることはありがたいのですが、すぐに飛びつく前に冷静に「見る」ことをおすすめします。

研究部門などで研究開発を行なっている人は、新技術や新提案を何とか商品に結びつけたいと必死にアピールします。しかし、いいことは強調しますが、都合の悪いことや聞こえのよくないことを伝えるのは避けるきらいがあります。そこで、「どこまで本当に技術的に進んでいるのか」「採用するだけの価値はあるのか」「隠されたデメリットは何なのか」、**プロジェクト責任者としての立場、ユーザーとしての立場から見抜く眼力**が必要です。

クルマの例で言えば、電気自動車用の電池開発が進んで、「従来に比べエネルギー密度が50％も向上したため、走行距離を１００㎞以上伸ばすことができるようになった」といった情報がもたらされることがあります。

しかし、よくよく話を聞いてみると、エネルギー密度は向上したものの、電池としての安全性や信頼性、時間による容量変化などが逆に悪くなっている場合があります。

つまり研究者はある1点の改良点のみを強調しているのであり、それは事実だとしても、他の要素も総合的に比較しながら見ないと、実用上、商品として使えるのかどうかはわかりません。電池の場合は、研究開発から実用化までひと声10年と言われていますから、何かまったく新しい電池の原理が発明されたとしても、実用化までには相当の年数がかかるのが実態です。

■待ち構える「死の谷」と「ダーウィンの海」

研究開発部門では、数多くの研究を行なっていますが、それが製品化されることは極めてむずかしいことのたとえに、「死の谷」という言葉があります。つまり一所懸命、研究開発を行なっても、日の目を見ずにお蔵入りとなる技術の行き先が「死の谷」なのです。

まさにデスバレーですが、そこには資金的な問題もあれば、開発人員の問題、技術的難易度、法整備の問題、事業性の見込みに関する問題などがあります。とにかく、千三つとは言いませんが、「死の谷」を容易には越えられないのが現実です。

また、「死の谷」を乗り越えて商品化されても、その先には既存の商品との激しい生存競争が待っており、ここを乗り越えられなくて消えていく商品も数多くあります。これをハーバード大学のルイス・ブランスコム名誉教授は、「ダーウィンの海」と呼びました。これについては後述します。

コンセプト立案の段階では、「死の谷」の技術をどう取り扱うか、さらには、どうすれば「ダーウィンの海」を渡れる商品とすることができるか、よく考えなければなりません。

■強みを活かしたコンセプト立案を

判断のネタが揃ったところで、いよいよコンセプトとしてまとめなければなりません。ではどのような考え方でコンセプトを立案すればいいのでしょうか。

次の３つの手順をご紹介します。

①自社の強みを中心に作る

とにかくターゲットとなるペルソナ像に対して、魅力的な商品戦略を考えることが重要です。

それには、**自社の強みを活かしたコンセプト**を立案しましょう。何か「とんがったところ」がないと、他社に対抗できる商品になるとは到底思えません。もちろん、自分達の特徴である「飛び道具」も盛り込みながらです。自分達が考える強みをリストアップし、ペルソナ像にマッチするように進めていきます。

強みと言えば、ドラッカーは、「多くの領域において卓越することはできない。しかし、成功するには多くの領域において並み以上でなければならない。いくつかの領域において有能でなければならない。一つの領域において卓越しなければならない」と言っています。

全般的に平均点以上でなければならないが、ある領域では優秀、そして**「ひとつの領域では卓越性がないと成功に結びつかない」**と説いているのです。

なお、注意しなければならないのは、ついつい新商品の機能がどれだけあるかを考えてしまいがちですが、「それはユーザーに本当にメリットを与えるのか」「不必要に機能を付加していないか」を考えなければなりません。ユーザーは**自分にメリットがあるものに対して対価を支払う**のであり、新商品の機能の数に対価を支払うのではありません。

図2-2　新型EVのレーダーチャート

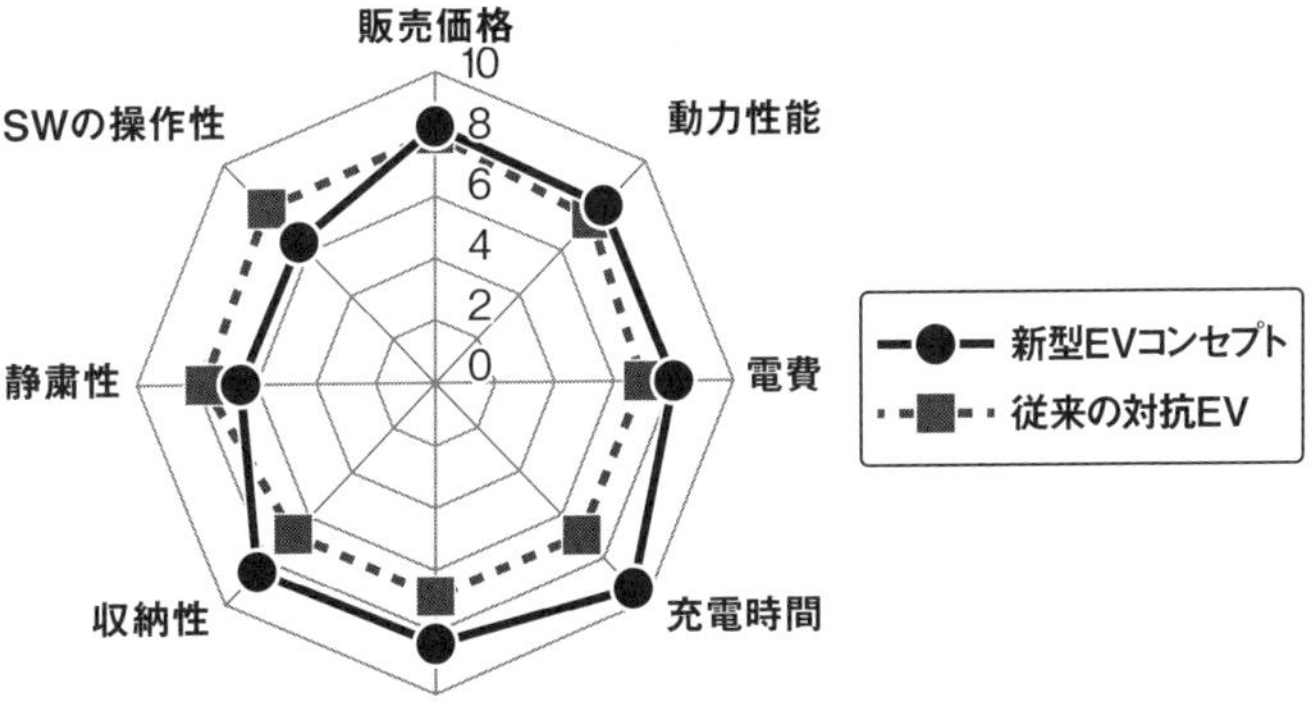

EV(Electric Vehicle):電気自動車

②全体のバランスを考える

「飛び道具」も大切ですが、全体としてコンセプトをまとめたとき、その商品が競合他社との間でどのような位置づけにあるのか、「バランス」を見ることも大切です。

その評価手法として、**レーダーチャート分析**がよく用いられます。これは複数の項目を視覚的にまとめることで、自社商品のバランスや、自社商品と競合相手との比較が容易になるからです。また足りないところをどう補えばいいのかも容易にわかります。

③勝負しないところ、譲ってもいいところを明らかにしておく

最優先項目、重点項目とは逆に、今回あまり勝負しない箇所、譲ってもいいところを明らかにしておくことも大切です。なぜなら、すべての項目で最高点を目指せと言われても、ハードルが高く実現困難だからです。また配分できるコストにも限界があります。

そこで、あえて勝負しない項目を明らかにすることで、最優先項目、重点項目に力を入れることもできます。絶対に勝つところと、そうでないところを作ることでメリハリがつき、チームの士気も上がるものです。

前ページのレーダーチャートは新型ＥＶ（電気自動車）のコンセプトの例です。充電時間を著しく短くしたことを特徴（飛び道具）として、さらにペルソナ像に照らし合わせ、居住空間や収納性に大きなウェイトを置いています。逆に静粛性やＳＷ（スイッチ）の操作性については対抗ＥＶと勝負しない箇所と位置づけています。

ステップ2 開発目標を定める

■コンセプトから開発目標に落とし込む

さて、コンセプトができたとしても、それは目指すべき概念であり、方向性やアイデアはわかりますが、そのままで商品が成立するわけではありません。

コンセプトを具現化し、それを開発目標として具体的な指標に落とし込んでいかなければ、開発陣は動くことができません。誰の目からも明らかな**定量的で数値化した開発目標に置き直す**必要があるのです。

数値化できない場合においても、人間の感覚を用いた官能評価のレベルを明らかにしていくことが求められます。

ではどのように開発目標を設定すればいいのでしょうか。それには主に2つの方法があります。

①すでに市場に先行している商品がある場合

対象とする商品、とくに**もっとも競合しそうな商品をベンチマークにして徹底的に分析**し、その商品とこれから自分達が開発するものとを数値にして比較し、コンセプトを具現化していくものです。

一般にこの開発目標の設定は、定量的なものにすることから、試験・評価部門と一緒に行なうことになります。優位にある点だけでなく、コンセプトで取り決めた「勝負しないところ」についても、ユーザーからの指摘も含めて、どこまで許容するのかを取り決めることも重要です。

次ページ図2-3は、前出のレーダーチャートで示したコンセプトを、具体的な開発目標として定量化して落とし込んでものです。

②市場に同種の商品がない場合

やっかいなのは、過去あるいは現在、同種の商品がない場合です。開発目標の設定がむずかしく、どのように目標を設定すべきか、関係者で決めなければなりません。

比較材料がなく、すべて自ら決めなければならない状況であるならば、新たに決めるべき開発目標は、**「業界のお手本もしくはベンチマークに相当するレベルになるか否か」**という判断

図2-3　コンセプトから開発目標に落とし込む

コンセプト

充電時間が著しく短い

居住空間が広い

収納性が高い

開発目標

対抗EV：30分→目標：12分
（急速充電器：チャデモ仕様で80%まで充電に要する時間）

対抗EV：2.7m^3→目標：2.9m^3
（室内長と室内高さで比較）

対抗EV：1.4m^3→目標：1.5m^3
ラクロス用品の収納（ヘッドやシャフトが収納できること）

チャデモ（CHAdeMO）：日本が主導する電気自動車の急速充電規格

基準で検討するのがいいと思います。

お手本やベンチマークになることが目標になると、あまり低いレベルに開発目標を設定することはできません。具体的には、「商品が市場に投入されたとき、競合他社、研究機関、大学などがその商品を購入して調べる価値を有しているかどうか」が指標になるのではないでしょうか。

自ら目標を高く掲げ、チャレンジしていくより術はないと思います。

■試験基準がないときはどうする?

開発目標を設定するのはいいのですが、その評価・判定をどうするかという問題があります。初めての商品の場合、自ら試験方法・試験基準を作るしかありません。ところが、試験方法も含めて、**国際標準や日本の規格**などがからんでくると、かなりややこしくなります。

自動車もそうですが、工業部品や電気・電子部品などは国際標準化機構（ＩＳＯ）や国際電気標準会議（ＩＥＣ）などによって細かく国際規格が規定されています。がんじがらめになっていると言っても過言ではありません。また、たとえ今は標準化されていなくても、現在協議中として俎上に載せられているものも多々あります。

このことはよくよく注意しておかなくてはなりません。発売後に国際規格が制定されたり、試験方法が変更になることもあります。**もし国際規格に準じていなければ完全にのけ者扱い**となってしまいます（最悪は国際規格適用外としての扱い）。

プロジェクト責任者は、社内の関係者に現状はどうなっているかを確認し、協議中であれば常に進捗状況をウォッチする必要があります。プロジェクト責任者にとっては範疇外の業務と思うでしょうが、国際規格は重い課題です。

どんなに優れたモノを作っても、ルール・メイキングで欧米に逆転されたり、ガラパゴス状態になることがあるため、とくに注意が必要です（もっとも有名なのは、度重なるF1レースのレギュレーション変更かもしれません）。

■開発目標は競合相手の出方も考慮しておく

競合商品をベンチマークにして、優位性を確認しながら開発目標値を定めると説明しました。しかし、それだけでは十分ではありません。競合企業も必死にいいものを開発して市場に送り出そうと狙っています。

また最近は、成長している業界は異業種からの参入が多く、同じ業界の企業のみを競合対象と考えていると、他業種から突然、新たな競争相手が現れることがあります。今や産業界は戦国時代の様相を呈しています。常に情報をウォッチし、**本流はどう動いていくのか、その中**

で自社はどのようなポジションを取っていけばいいのかを考える必要があります。

このような状況をゼネラル・エレクトリック社の最高経営責任者を務めた「伝説の経営者」ジャック・ウェルチは過酷な言い方をしています。

「自分の運命は自分でコントロールすべきだ。さもないと、誰かにコントロールされてしまう。何もしなければ、いずれ誰か他人にビジネスのやり方を変えられてしまう。ならば、自分達で変えてしまった方が良いに決まっている」

ビジネスの主導権を握ることの大切さを訴えている言葉です。

開発目標は、今回市場に投入する新商品の目標ですが、それだけでなく、**競合他社がどう出てくるか**を想定し、どのタイミングで二の矢、三の矢を打ち込んでいくのかを考えておくことも大切です。新商品の発表・発売時点が終わりでありません。どの業界でもそうですが、一時的に優位に立ったとしても、そう長くは続かないと考えたほうが無難です。

■事前に「プロジェクト成功の定義」を明らかにする

よく「あのプロジェクトは成功だった！」とか、「あのプロジェクトは大失敗だった！」などと言うことがあります。しかし、これらの言葉は、何をもって成功・失敗と言っているのでしょうか。ほとんどが、その人の主観ではないでしょうか。

それはそれでかまわないのですが、自分達のプロジェクトであるならば、**「何をもって成功とするのか」を事前に定義しておく**べきです。

そうでなくても、プロジェクトの実行段階に入り、がむしゃらに突進しているとき、さらには発表・発売後にプロジェクトの成功・失敗の評価を下そうとしても、いろいろな人のいろいろな思惑が重なり、判定がむずかしくなります。そこでプロジェクトが始動する前段階で「プロジェクト成功」の定義づけを行ない、メンバーと共有することは大事なことです。

ただ、何をもって成功とするか、定義づけるのはなかなかむずかしいことです。

私としては、**新商品の発表・発売まで漕ぎ着けることができた**のであれば、プロジェクトの「第一段階として成功である」と言い切っていいと考えます。多くのプロジェクトが頓挫する中、商品として市場に送り届けることができたのであれば、第一段階はクリアしたのです。

次に発表・発売に漕ぎ着けたプロジェクトの中で、事業性などは所定の目標には達成しなかったけれども、そこそこのレベルであり、「市場不具合」は多少あるものの、「重大不具合」はない、というような状況もあると思います。私はこのような状況を「失敗ではない」と位置づけていいと考えています。

図2-4　プロジェクト成功の定義づけ

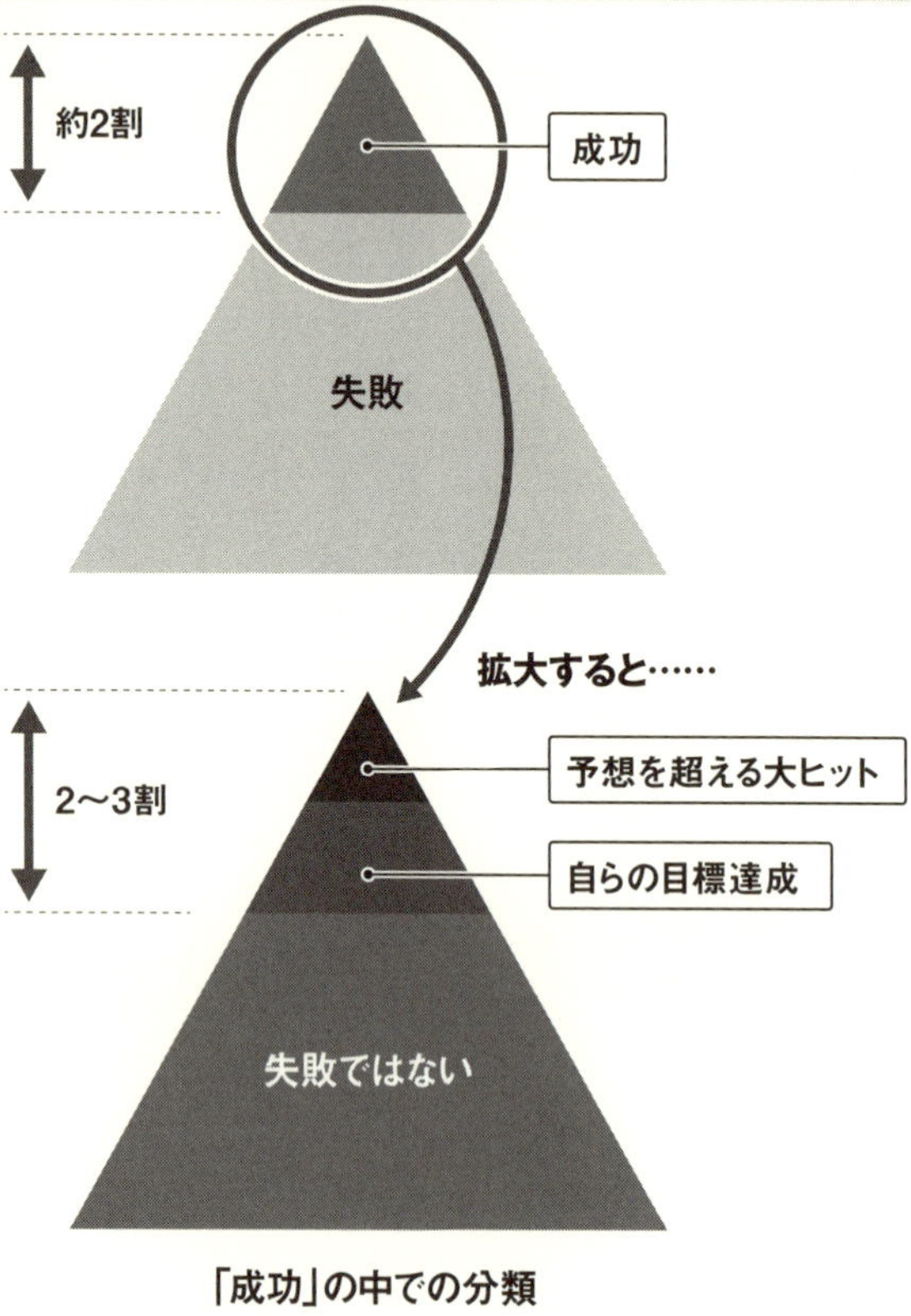

成功：新商品を発表・発売できたもの（第一段階）
・失敗ではない
・自らの目標達成
・予想を超える大ヒット
（第二段階）
失敗：プロジェクト途中で中止

「失敗ではない」商品は、後で伸びていく可能性もあり、ホームランとはいかないまでも、ポテンヒットのように企業にとっては大切なプロジェクトとなります。また、「失敗ではないプロジェクト」が数多く集まると、収益性も向上してくるもので、これをきちんと評価することで、プロジェクトに関わった人も報われます。

さらに欲を言えば、成功の基準として、**「プロジェクト終了の時点で、自分達が掲げた目標を達成していること」**を挙げたいと思います。これを達成したのであれば、「プロジェクトはかなりの成功！」であると言えます。

コンセプトを充実させ、他社に比べて商品性が高く、業界のお手本となるような商品を生み出す目標を掲げて、日程・品質も含めてこれをクリアしていくのは並大抵のことではありません。これを乗り切ったのであれば、それは間違いなく成功です。

最後に、時代とぴったりマッチして、「予想を超える大ヒット」となることも考えられます。しかし、これは自らの実力＋時代の後押しもあり、あまり期待し過ぎないほうがいいでしょう。

3章

プロジェクトの基礎を固める②

開発スケジュールを定めチームを固める（第2フェーズ②）

7つのステップを回してプロジェクトの基礎を築く（ステップ3～4）

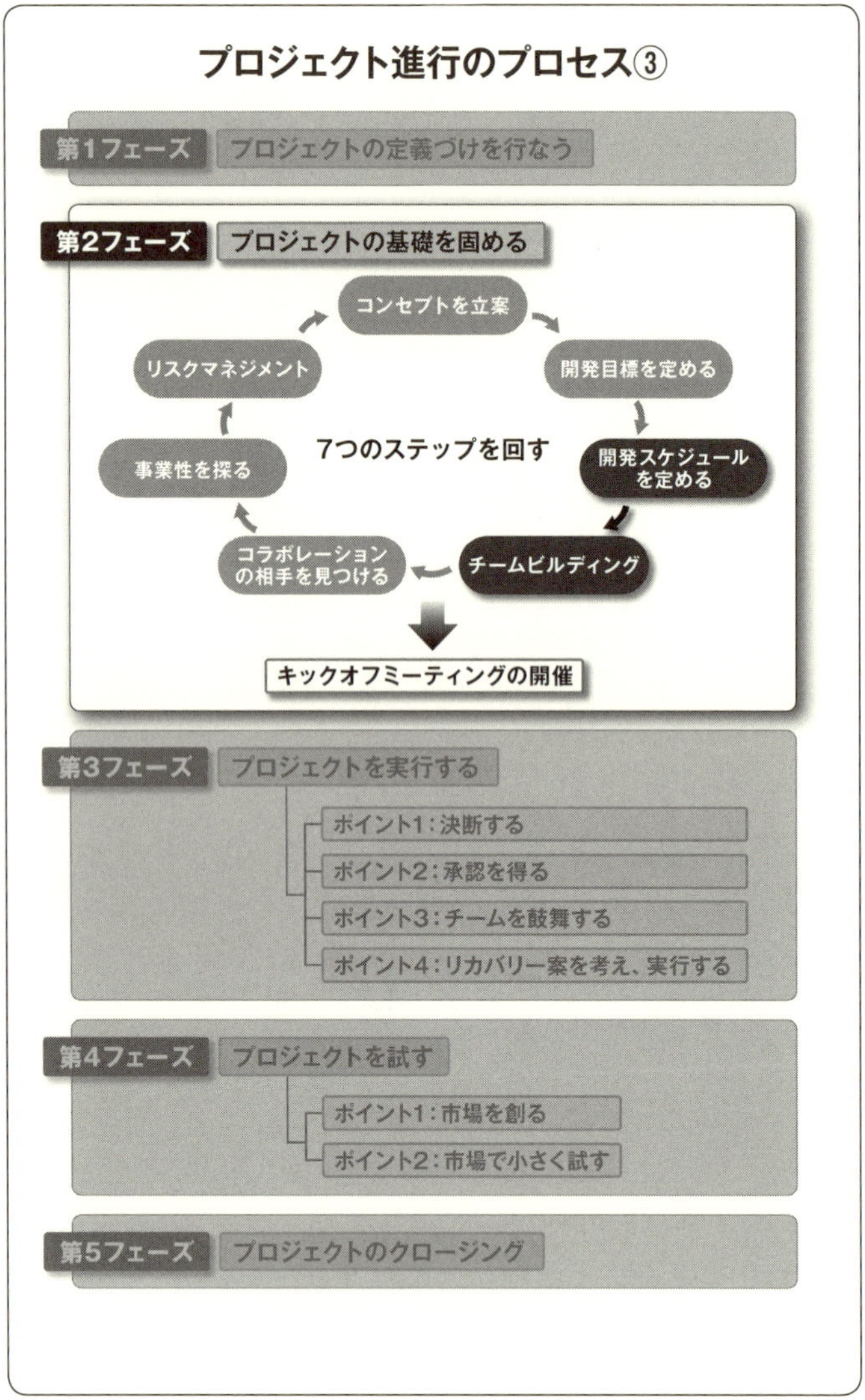
プロジェクト進行のプロセス③
第1フェーズ
プロジェクトの定義づけを行なう
第2フェーズ
プロジェクトの基礎を固める
コンセプトを立案
開発目標を定める
開発スケジュールを定める
チームビルディング
コラボレーションの相手を見つける
事業性を探る
リスクマネジメント
7つのステップを回す
キックオフミーティングの開催
第3フェーズ
プロジェクトを実行する
ポイント1：決断する
ポイント2：承認を得る
ポイント3：チームを鼓舞する
ポイント4：リカバリー案を考え、実行する
第4フェーズ
プロジェクトを試す
ポイント1：市場を創る
ポイント2：市場で小さく試す
第5フェーズ
プロジェクトのクロージング

ステップ3

開発スケジュールを定める

■スケジュール立案は知識・経験・勘

プロジェクトの初期段階でも、もっとも重要な計画のひとつである「開発スケジュール」は、主にプロジェクト責任者が中心になって作成することが多いと思います。

スケジュール計画の立て方しだいで、プロジェクトがスムーズにいったり、逆にスタックしたりします。私の今までの経験から、スケジュール立案時の最初にどうしても考えておいてほしい項目を以下の５つにまとめました。

①自分なりのマージンを見込んでおく
②根拠のない日程短縮は行なわない
③実証試験を入れるかどうか、早めに判断する
④購入する大物部品がある場合は、スケジュール管理に目を光らせる
⑤社内審議体制はどれが適用されるか早期に確認する

この5つの項目についてそれぞれ見てみましょう。

①自分なりのマージンを見込んでおく

プロジェクトの実行経験を積んでいる人は、「開発スケジュール」を見ただけで、よく練られたスケジュール計画か、実行案件と日程に何となく線を引っ張ってあるだけで、とてもうまくいくとは思えないスケジュールかを見分けることができます。

その差は何かと言えば、**各イベント等で起こるであろうことを想定して、次に誰が何をすべきかがストーリーとして盛り込んであるか否か**ではないでしょうか。

また、よく練られたスケジュールには、「あれっ」と思うくらいわずかな空きがあります。これはプロジェクトの責任者が日程をぎちぎちに詰め込むのではなく、「ここは危ない！」と思う箇所で**自分なりのマージン（余白）を設けている**からです。決してそれを公には言わないでしょうが、その日程を理解できる人は、「はは～ん！」と納得の相槌を打つわけです。

よくできたスケジュール計画のもうひとつの特徴は、**少しプロアクティブに情報の先出しを考えている**ということです。

ある情報（設計）ができたら、次の部門にその情報を渡すことがありますが、引き渡し側のタイミングを少し短縮、つまり先出しし、次の情報者に余裕を持たせるようにしている、もしくは事前検討すべき時間を考えているということです。

本当に微妙なことですが、わずかな隙間があるおかげでプロジェクトがスムーズに流れることがあります。プロジェクトの進行中、突発事態で進行が遅れることもあるし、逆に早く取り掛かれることもあるので、このへんの機微をスケジュールに盛り込んでおくことが、プロジェクトをスムーズに運ぶ秘訣となります。

②根拠のない日程短縮は行なわない

プロジェクトの運営・管理をしていると、突然、上層部から、「発売日程を3ヶ月前倒しできないか」といった打診をされることがあります。そうした要請に対しては、じっくり考えないといけません。スケジュール表を動かすことは3分でできますが、日程短縮は実際にしっかり練らないと、プロジェクトが一気に破綻します。

日程短縮で知恵を絞るのは、**「仕組み」としてどう対応するか**です。精神論だけで日程を大幅に短縮することはできません。

クルマの開発で言えば、たとえば、設計・開発工程を支援するCAEチーム（Computer Aided Engineering）を補強してパワーを充実させるとともに、新規に3Dプリンターを導入して早期の試作評価を行ない、それを量産日程に反映するなどです。

そのために第一にすることは、まず**理詰めで考える**ことです。その結果、2ヶ月は仕組みとして短縮することが可能となり、最後にはヒューマンパワーを集中させて2週間短縮させるなど、「がんばり」を入れることもあるでしょう。

このとき、注意しなければならないことがあります。それは、上層部は日程短縮だけを言いがちですが、日程を短縮しようとすれば、**多額の費用がかかる**ことが多いということです。

先の例で言えば、CAE補強のための人員増加や、3Dプリンターの導入など、当初予定していなかった費用が発生します。また、未確定のところもあるのを承知して日程優先で進めようとするのですから、やり直しも多くなりロス費用が発生します。

「日程短縮は可能です」と言えば、一時的に上層部の受けはよくなるでしょうが、開発費用が増大したり、何度もやり直しとなって多大な人的ロスや費用が発生するなど、デメリットが生じる可能性が大きいので、決断する前に**利害得失を精査し、上層部に判断を仰ぐ**必要があります。

もうひとつ、日程短縮の方法として、**「コンカレントエンジニアリング」**を大々的に導入する方法があります。コンセプト立案から基本設計、詳細設計、試験方法立案、生産準備、品質確認方法確立などを同時進行的に行なうことで、業務の効率化とスピードアップを狙うものです。

この方法は、**過去に行なったことを類似商品に適用する**ときに、大きな効果をあげることができます。関係者が次に何をすればいいか、過去のお手本があるためにわかっているからです。まさに阿吽の呼吸で、開発の前工程を見ているだけで、自分が何をしなければならないかがわかり、段取りも含めて次々と効率よくプロジェクトを進めることができます。

しかし、まったく初めての商品を開発する場合には、コンカレントエンジニアリングを適用しようとしても、ギクシャクしてなかなかうまくいきません。コンセプト立案、基本構想段階、生産設備の準備段階の、いずれも次がどのようになるのかまったく読めず、やり直しが多くなるからです。

現在も、大なり小なりコンカレントエンジニアリングを行なっていると思いますが、まったく新しい商品開発の場合は、プロジェクトの責任者がどこまで並行して業務ができるかを的確に判断することが大切になります。一寸先が見えない場合は、パラレルで仕事を入れることは破綻に繋がります。

③実証試験を入れるかどうか、早めに判断する

スケジュールの進行に大きな影響があるものに、「実証試験」があります。

すでに市場で実績がある商品であれば、あえて実証試験をする必要はないかもしれませんが、まったく初めて市場に出す商品となると、実際の現場での使われ方や商品の耐久性など、自社の試験だけでなく、外部でもある意味の「他流試合」を行なって、より商品を強化する必要が出てきます。

この場合、従来の開発スケジュールの間に「実証試験」期間が入りますから、一般的に3～6ヶ月、長期になる場合であれば、1年以上の期間を要することになります。

そこで最初の段階で、今回、「実証試験」を開発スケジュールに盛り込むのか否か、判断していくことが大切になります。また言うまでもないことですが、「実証試験」を行なうということは、その実施費用や人員確保も必要になるということです。

日程や開発費用に大きく影響を及ぼすだけに、最初に考えておきたい項目です。

④購入する大物部品がある場合は、スケジュール管理に目を光らせる

新商品を開発する場合、主要コンポーネントを社内ではなく、外から購入する場合がありま す。単品購入ではなく、モジュール単位で購入するような例です。

クルマの場合、インパネＡＳＳＹ（運転計器周辺部品）をモジュールで購入するケースがありますが、そのときの部品点数は少なくとも数百点、類別等が多いと１０００点を超える部品の製造を、開発も含めて外注先にお願いすることになります。

このような部品を製造するサプライヤーは、システムインテグレーターやメガサプライヤーと呼ばれますが、開発から試験、生産まで一貫して受け持つことに特徴があります。それだけに、サプライヤー側も数十人規模の体制を敷き、社内プロジェクトを発足して製造業務に当たることになります。

単品であれば、それぞれの完成時期が自分達の基本日程とどうリンクするかを掴んでおけばいいのですが、モジュール単位となると単品とは異なるむずかしさが出てきます。

これはクルマに限ったことではありませんが、新規部品をモジュール単位で開発依頼する場合は、以下のことを事前に明らかにしておくことが必要になります。なぜならそれは、プロジェクトのスケジュールの根幹を握ることになるからです。

◎要求事項の明確化

コンセプト、モジュールとしての開発目標、試験方法、評価基準などについて、依頼する側がこれらを明確にしなければなりません。さもなければ、目標を達成したのか否か、試験方法は適正だったのかなど、相互に不信を招くことになります。

後に目標を変更しようとすると、大幅な日程遅延が発生するなど、プロジェクトにとって致命的とも言える事態を招くこともあります。前提条件があいまいであると、幾度も計画変更を引き起こす原因となり、それはモジュールの開発費用に跳ね返ります。

◎ジョブシェアの明確化

部品単位が多くなればなるほど、自社と相手企業とのジョブシェアを明確にする必要があります。日頃から取引があり商慣行がわかっている企業であれば、両社の間にグレーゾーンがあっても、お互いに何とかカバーしようとするでしょう。

しかし、初めて取引をする企業や海外の企業では、取り決められた仕事以外はやらないと考えておく必要があります。そうなると、グレーゾーンは誰の手もついていない状態になります。

そこで、ここまで細かく設定するのかと言われるくらい、ジョブシェアは事前に明確にする、もしくはグレーゾーンがわかったら、すぐにその分担を明らかにすることが求められます。

◎基本設計への関与

よくモジュールと言うと、自社が設計した部品を単にアッセンブリ（組み立て）する企業だと思いがちですが、システムインテグレーターなどでは、自分達でより効率的な設計を行ない、組み立て方や品質管理手法までも考えて、モジュールとしての責任をはたそうとします。

このため、コンセプトや設計段階から相手企業に関与して、デザインインと呼ばれる初期の段階から一緒になって開発を進めることも行ないます。

さらに技術力が高い企業になると、コンポーネントASSYを自ら開発し、それを企業に売り込むようなことを行なっています。

このような企業が相手だと、その企業の開発スケジュールに、自社のスケジュールが左右されるという現象が起こります。また相手企業との共用化のために、自社の部品を変更しなければならないという事態も生じます。

◎契約の締結

プロジェクトの規模が大きければ大きいほど、相手企業との基本契約なり、それを補完する仕様書や業務進行表などの管理が膨大になります。このため、それを扱う専任の人が必要となる場合もあります。

また契約が合意にいたるまでには、プロジェクトメンバーのみならず、法務・知財など多くの専門家による交渉が必要となり、開発、生産、出荷後の品質保証、不具合が出た場合の補償などについて、かなり早期の段階から詰める必要があります。

⑤社内審議体制はどれが適用されるか早期に確認する

日程以上に事前に確認しておかなければならないアイテムが、社内審議もしくは審査体制にどのようなものが適用されるかということです。

企業によって、プロジェクトの審議や審査のステップはいろいろあると思いますが、最近の家電製品や自動車では、**「ステージゲート方式」**と呼ばれている審査が多いようです。

ステージゲート方式は、企画段階から発表・発売にいたるまで、いくつものゲートを設定しておき、そのゲートの通過要件を満たさないと、次のステップに進むことができない方式で、とくに欧米の企業で多く採用されています。各ゲート段階で極めて細かく要件が規定されており、まるで本のようになっている例もあります。

ステージゲート方式では、たとえば、「コンセプトの段階」「形状やスペックが固まった段階」「試作着工の段階」「試作評価の段階」「量産着工の段階」「量産品評価の段階」「製品出荷の最終判断の段階」など、数多くのゲートが定められます。

ステージゲート方式のいい点は、各ステージゲートの段階で、**何が審査されるかがはっきりしている**ことから、メンバーが迷わなくてすむことです。審査項目が標準化されることで、試験準備も含めてプロジェクトの効率的な運用を図ることが可能になります。

■ステージゲート方式の課題

多くのプロジェクトの審査でステージゲート方式が採用されていますが、ステージゲート方式も万全ではありません。次のような問題が起こりがちです。

①新しい社内審議体制が適用される場合

新しい審議・審査体制を適用する場合は、まずどのように運用するのか、判断基準はどうなっているのかなどを関係者間で細かく取り決める必要が出てくることから、審議以前の段階で議論が続くことになりがちです。

こうなると、新商品の審議どころではなく、審議体制をどう確立するかなどの点で議論が続き、新商品開発はゲートのタイミングや内容が決まらないことから、進行が翻弄されてしまいます。

もし新しい審議・審査体制を適用しようとする方針があったとしても、まだ固まっていない場合は旧来のものを適用し、十分に時間を取って新たな審議・審査体制を採用しなければなりません。

プロジェクト責任者は、こうしたことを早期に確認しておく必要があります。

②ゲート通過の判断基準の問題

早い段階でゲートの通過基準が明らかになっていないと、ゲート判定近くまできて、審議する側と評価を受ける側とで議論が始まることになります。

よく信号になぞらえて、評価項目ごとにレッド（重大問題点あり。通過不可）、イエロー（問題点はあるが、解決できる目途あり。条件を出すことで通過）、グリーン（目標を達成しており、通過）というように分類されているケースがありますが、それぞれ何をもってレッド、イエロー、グリーンと判断するのか、事前に取り決められていることが必須です。

③各ゲートでの判断を誰が行なうか

コンセプトや試作評価の段階では、開発部門の上級責任者がゲート通過の判断を行なうことがあります。

一方、「量産着工の段階」、さらには「量産品評価の段階」「製品出荷の最終判断の段階」になると、多くの部門にわたっての総合的判断が求められることになります。

こうした各段階の判断で責任者がすでに決まっている場合は問題ありませんが、新たにステージゲート方式を採用する場合、ゲート判断の責任者が事前に明らかになっている必要があります。

④ゲートの判断と社内経営会議のズレ

多くの企業では、ステージゲート方式の審査と経営会議は分離して行なわれます。そこで量産品の生産を開始するタイミングなどでは、投資額含めた事業性の良否、量産開始後の生産台数の決定などが企業経営と直結する問題になるため、ステージゲートで承認が下りても、経営会議での結論がどうなるかはわかりません。

この両者をどのようにリンクさせていくかは、プロジェクトの責任者の腕の見せどころになります。

⑤ゲート不通過の場合

重要な懸念事項が見つかり、往々にしてゲート不通過ということが起こります。このような場合、プロジェクト全体がその段階で足踏みしている状態になります。短期間のうちに再度審議が行なわれ通過できればいいのですが、懸念事項が複雑でなかなか解決できない場合があります。

そうなると、懸念事項を抱える部門以外の人達は、業務を進めていいのかどうか判断に迷います。とくに金型の製作など工期が決まっており、手配もすべて整っていて後は着工すればいい手はずになっている段階でストップがかかることは、大きな経費ロスを生じ、再び着工しよ

図3-1 スケジュール立案時の留意点

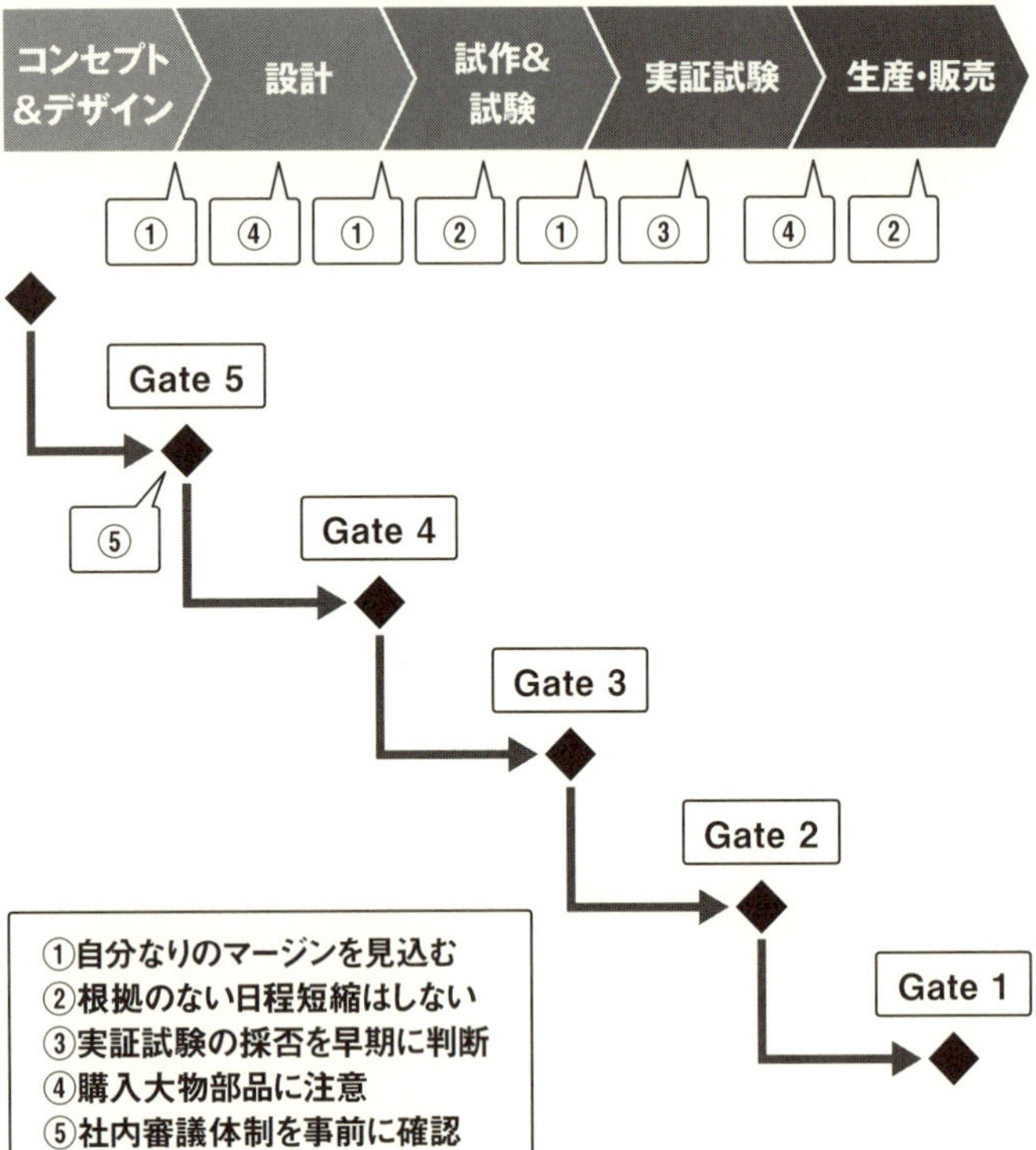

うとすると、それ以上に長く期間がかかる場合があります。

プロジェクトの責任者は、こうした場合、プロジェクト全体を止めるべきなのか、それとも一部のみは進行させるのかなど、上層部への説得も含めて高度な判断が求められます。

ステップ 4

チームビルディングの要諦

■プロジェクトチームの結束を固める

ステップ4では、いかにチームとして力を合わせ、目標に向かって進んでいくかについて述べたいと思います。ポイントはいくつかありますが、「チームの組織づくり」から、「会議体のあり方」、さらに「密度を上げるための合宿」、最後に「仕事をするうえでの環境整備」にまで踏み込んでいます。多様な要素があるので、自分に合った方法を試してみてください。

いきなり結論めいて恐縮ですが、プロジェクトにおけるチームビルディングでもっとも大切なこととは何でしょうか。

私は、**【直属の上司】―【プロジェクトの責任者】―【プロジェクトのサブ責任者】の三者による「強固な結束」**であると思います。この三者はいついかなるときも同じ情報を共有し、同じ方向性を外に対して説明することが求められます。

たとえば、経営会議でプロジェクト責任者であるあなたが、事業性や今後のプロジェクトの進め方を説明している際に、集中砲火を浴びているとします。そのとき直属の上司には、事情を汲んで援護射撃をしてもらわなくてはなりません。経営会議の場でうまく説明できなければ、プロジェクトが孤立無援となってしまい、経営幹部からマイナスの印象を抱かれてしまいます。

逆もしかりです。直属の上司が説明している場合、経営幹部からプロジェクトについて各種の質問があったときは、プロジェクトの責任者として現在の状況や今後の対応策などを迅速に直属の上司に報告し、疑問点の解消を図らなければなりません。

また、プロジェクトの連絡会などで、責任者であるあなたが方向転換をしたい旨を説明した際、プロジェクトのサブ責任者から、「私はその案に賛成できない。リスクがあり過ぎる」などの発言があると、会議は紛糾し、周囲から「あのプロジェクトはどうなっているんだ」と不安視されてしまいます。

困難な事態に置かれたときほど個人の素が出やすく、強固な結束が試されます。このため、チームビルディング成功の第一条件は、三者による「強固な結束」を挙げたいと思います。意見が異なるときは徹底的に話し合い、納得いく結論を出しましょう。

また、いろいろな部門から問い合わせがあった際も、同じ意見や考え方を伝えるように心がけることです。企業では、トップの判断により方針が変更になることもありますが、この三者

図3-2　プロジェクトチームに必要な強固な結束

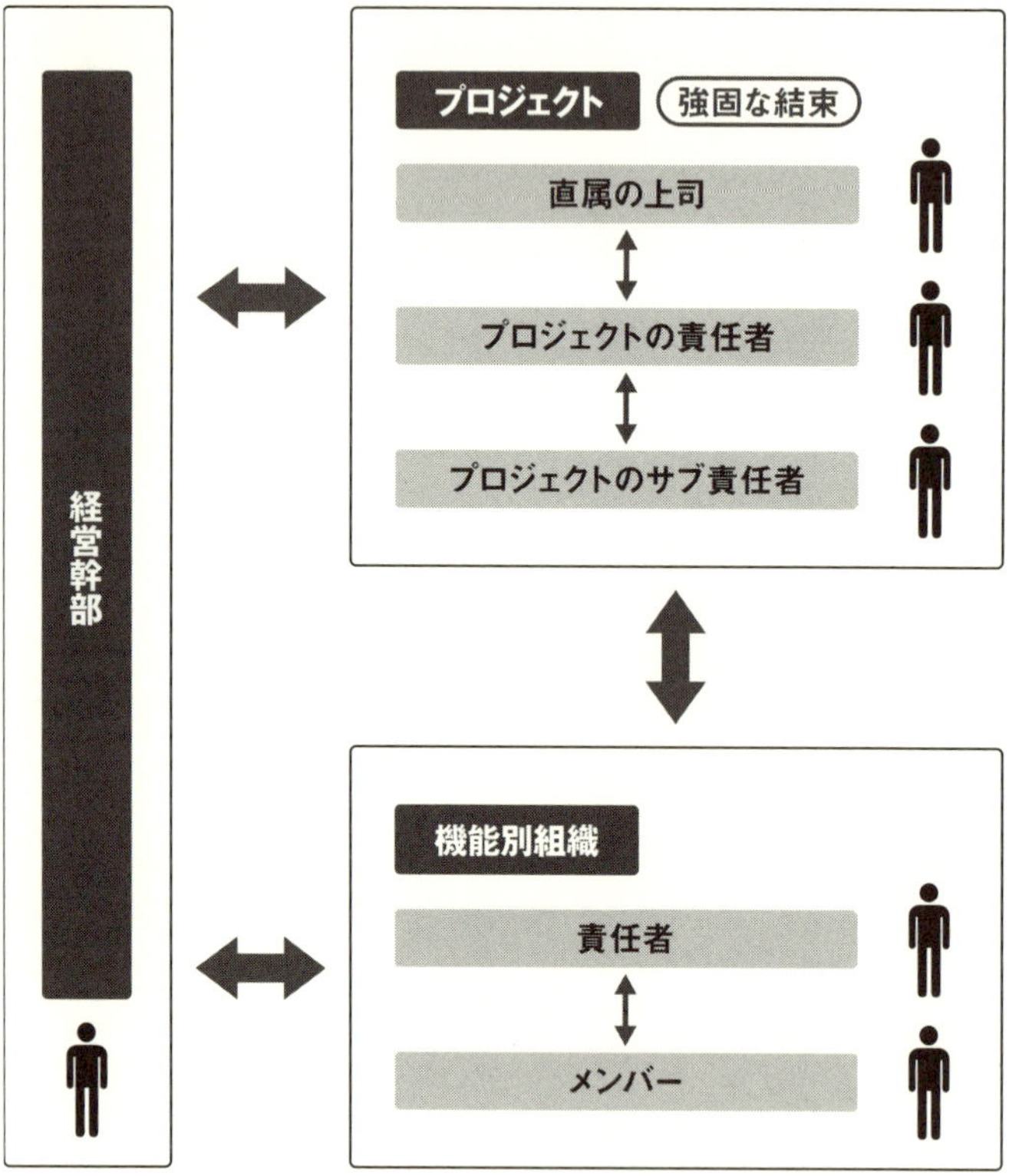

は心をひとつにして粘るだけ粘り、そのうえで社としての方針であれば潔く変更に従うといった姿勢が必要ではないでしょうか。

プロジェクトメンバーは、困難なときほどリーダーの態度を固唾を飲んで見守っており、頑張るだけ頑張っての方向転換ならば、納得してくれるでしょう。

■組織としてメンバーの関係性を築く

次に、プロジェクトと、各機能別組織から選任されたプロジェクトメンバー、もしくは他の役割も持ったクロスファンクショナルメンバーとの関係が重要です。ある意味、組織としての関係です。プロジェクトの責任者はこれらのメンバーの人事権を持っておらず、前に述べたように、持っているのは「情熱と説得力」だけです。

一般にクルマの開発プロジェクトの組織は、「マトリックス組織」を採用しています。これは機能別組織とプロジェクトなどの開発チームを組み合わせたもので、プロジェクトのメンバーは、組織横断的に機能別組織に働きかけることができます。

そしてプロジェクトメンバーは、プロジェクトの意図を機能別組織に伝え、実際に実務を動かしていかなくてはなりません。また、プロジェクトメンバーは、プロジェクトの方向転換が必要となったときなどは、「なぜそのようにしなければならないのか？」などと、関係者から

図3-3 プロジェクトチームの形態

◉マトリックス組織

	プロジェクトA	プロジェクトB	プロジェクトC	プロジェクトD	プロジェクトE
商品企画					
設計					
試験					
品質					
生産					

各機能別組織からプロジェクトメンバーが選任される

◉クロスファンクショナルチーム

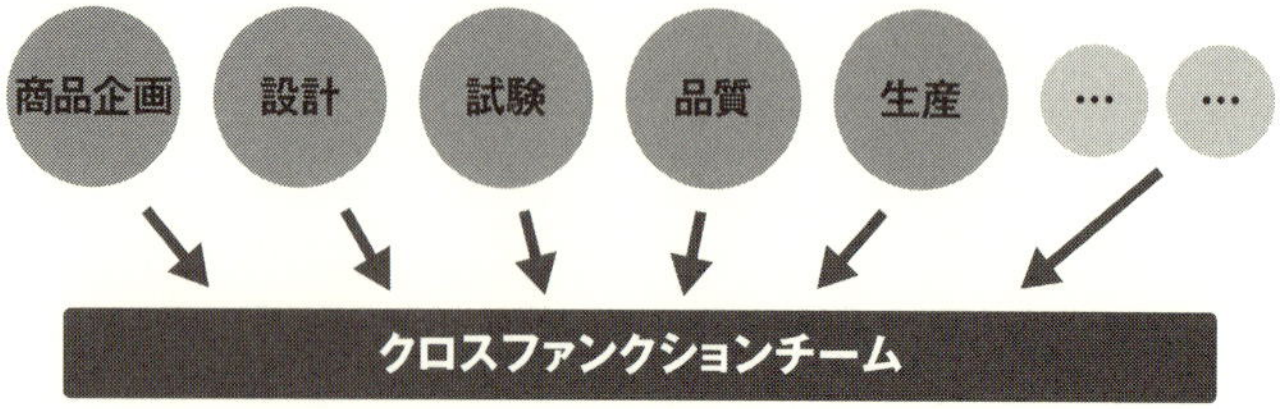

機能別組織から暫定的に人を出して結成される。
人事・評価は機能別組織が行なう。別名タスクフォースチームとも呼ばれ、
何か特定の目標(たとえば「社内意識の改革」など)を実現するために結成される

(注)小さな組織では、下図のような純粋なプロジェクト組織が成り立つこともある。
こうしたプロジェクト組織では、人事権もすべてプロジェクト責任者が持つ

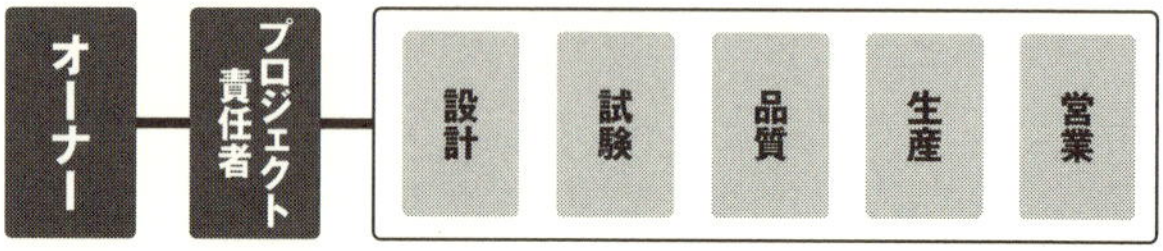

質問されることもあるでしょう。

そんなとき、単に「プロジェクトの責任者がそう言っていたから」と言うだけでは他の人を説得することではできません。きちんとそうなった背景や方向転換すべき理由、そして今後の方向性などをプロジェクト責任者に成り代わって説明することが求められます。

このように、プロジェクトメンバーが、現在のプロジェクトが置かれている状況をよく理解し、説明責任（アカウンタビリティー）をはたすことができるよう、プロジェクトの責任者はプロジェクトチームの結束を固めることが必要です。

■個人との関係性を築く

次に、組織ではなく個人の話になります。

機能別組織の人でプロジェクトメンバーと一緒に仕事をしてもらう人については、すべてがプロジェクトでコントロールできるわけではありません。

もちろんそうした人にも、プロジェクト関連の仕事をモチベーションを持ってやってくれることを望みますが、それはプロジェクトがしっかりコントロールされていることへの信頼感や、プロジェクトの責任者とプロジェクトメンバーとの風通しのよさなどがないと、うまくいきません。

プロジェクトチームが安定した中で、チャレンジングな目標が定まると、プロジェクトメンバーのやる気のある人、とくに若くてパワーがある人は、何とかして目標を達成しようと奮起します。それは**努力の結果が成果として現われ、かつ実際に実現していくことが確信できるか**らではないでしょうか。

よく「イノベーションを起こす」と言いますが、それはイノベーションが実現する可能性があるからこそ、新しいアイデアを試し、不可能を可能にしていく姿勢が生まれるのだろうと考えます。

■社内会議体の形を明らかにする

プロジェクトを運営していくうえで避けて通れないのが会議です。

プロジェクトがスタートすると、多くの会議が発足することになります。そのような会議には、できる限りプロジェクト責任者の参加が求められることから、放っておくといつの間にか会議だらけになってしまいます。

そこで最初の段階で、会議体に関する交通整理が求められます。

まず最初に決めなければならないのは、**自らが運営主体となる会議**です。「プロジェクト定例会」、もしくは「プロジェクト推進会議」などの名称がつけられますが、参加者はプロジェクトメンバー以外に、各機能別組織からのメンバーやクロスファンクショナルなメンバーです。

この会議は、通常、プロジェクトの方針の徹底や、経営会議の結果などを報告し、次のアクションをメンバーに促すこともあるため、**参加者は機能別組織でそれなりの責任をもった人**が望ましいことになります。

日程的にゆったりとしているタイミングであれば2週間に一度、頻度が必要であれば1週間に一度程度の開催となります。

自ら開催するとなると準備や議事進行、議事録なども含めてかなりの労力が必要となることから、担当割とこの会議で何をするかを事前に取り決めておく必要があります。

一方、プロジェクトがスタートすると、一気に増加するのが**経営会議での報告や上層部への報告会**です。新商品の事業性など、簡単に期待どおりにはならないことから、報告の回数も増える傾向にあります。

それ以外の個別のテーマでも、「商品の構造を決めるレイアウトの検討会」「要素技術ごとの検討会」「製造に関する検討会」「品質検討会」など、会議体はどんどん多くなります。

そこで**プロジェクト責任者自らが出席する会議体と、チームメンバーに任せる会議体を区分けする**ことが大切ではないでしょうか。

■自分の時間を確保する方法

このように会議体が増えてくると、自分の時間が取れなくなってきます。その対策として私が活用した方法は、**「自分で自分のための会議を入れる（自分会議）」**ことです。

企業にもよりますが、個人のスケジュールが「見える化」されていると、空いている時間があればどんどん会議が入ってこようとします。この防御策として、たとえば火曜日と金曜日の午前中2時間くらい、自分で「会議（詳細は入れずに）」と入れておけば、他の人に邪魔されることなくその時間を自由に使うことができます。

この方法は、プロジェクト責任者に精神的余裕をもたらしてくれます。何かややこしそうな問題が起こったときや、新しいアイデアを考えたいときには、まとまった時間が必要ですし、もっとも頭の働く時間が確保できれば言うことはありません。そこで自分のベストの時間帯を自分で確保して、困難な問題に集中して取り組むことができれば、成果を生み出すことに繋がります。

また何かむずかしい問題が起きても、緊急でなければ「自分会議」を活用しようと考えることで、精神的に気が楽になります。

図3-4　社内会議体と自分の時間確保（例）

	月	火	水	木	金
8:00〜	プロジェクト内の連絡会				
10:00〜	プロジェクト定例会	自分会議設定	品質検討会	コラボ検討会	自分会議設定
13:00〜		検討会A	検討会B	検討会C	幹部報告会
15:00〜	販売検討会		生産性検討会	事業性検討会	
17:00〜		目標コスト検討会			

■コアメンバーで合宿を！

プロジェクトがスタートしても、何となくメンバーのまとまりが欠ける、もしくはコンセプトなどが浸透していないと思われることがあります。それをクリアするには、幾度も説明会を開催することも大切かもしれませんが、ここはぜひともコアメンバーで合宿を行なうことを推奨します。

「今さら合宿か！」との声が聞こえてきそうですが、これが意外に効果があります。開催規模はプロジェクトのコアとなる人を中心に、責任者クラスを集め10人程度。時間があまりなければ、金曜日の午後から土曜日の午前中にかけての1泊2日でもかまいません。

ここで再確認できたり、意思統一できたことは、将来の大きな布石となります。少なくとも以下のアイテムについては確認すべきです。

- **プロジェクトとしての基本的な考え方・進め方**
- **コンセプトの中で勝負し特徴を出す部分と、あえて勝負しない部分**
- **開発目標値の到達位置。全体目標と個別目標の棲み分け**
- **開発日程上で、もっともクリティカルと思われる箇所とその対処方法**
- **社内審議プロセスのあり方**

・事業性に対するアプローチ手法
・参加者が思っている懸念事項

そして、できればこの合宿で取り決めたほうがよいものがあります。それはこの**プロジェクトを推進する上での「スローガン」や「キャッチフレーズ」**です。これとロゴなども組み合わせると、一気にモチベーションが上がります。

■仕事をする環境を整える

新商品開発とは直接関係はなくても、チームの士気に大きく影響を及ぼすものがあります。そのひとつが、**「プロジェクト専用の部屋があるか否か」**ということです。理想を言えば、プロジェクトメンバーが一堂に会することのできる部屋を確保することです。

新商品開発プロジェクトが発足したら、コアメンバーが集まり、いつでも議論ができる専用の部屋を確保することを推奨します。そのような部屋があれば、コアメンバーのみならず、他の要素を検討する際にも使えます。

また付随的なことかもしれませんが、会社の中で専用スペースを確保できる交渉権を持っているのはプロジェクトの責任者だけであり、メンバーは専用スペースがあったらいいなと思っても、実行に移すことはできません。もしこれが実現すると、プロジェクト責任者への信頼度が一気に上がるとともに、企業の中における当該プロジェクトへの期待感が見てとれることにもなります。

次に、従来品の延長のプロジェクトであれば問題ありませんが、まったく新しい商品を開発する場合は、その試験方法の確立や、試験設備そのものが必要となる場合があります。

しかし、プロジェクトが年度の途中から立ち上がる場合など、そのような予算は取っておらず、試験部門でも新たな設備が必要なことはわかっていても、なかなか動きづらい面があることも多いと思います。

試験設備は小規模なものから、なかにはかなりのスペースを要し、大きな工事を伴うものもあります。そのような場合、試験部門にだけ任せておくのではなく、**プロジェクトの責任者が必要性を訴え、財務部門や上層部を説得して動かしていく**ことは、プロジェクトの信頼性アップに繋がります。

たとえ今期に実現できなくても、次年度に予算がつくというだけで、メンバーは張り切るものです。このようなこともプロジェクトの責任者の役割のひとつではないでしょうか。

4章

プロジェクトの基礎を固める③

プロジェクトの目標を達成するために（第2フェーズ③）

7つのステップを回してプロジェクトの基礎を築く（ステップ5～8）

プロジェクト進行のプロセス④

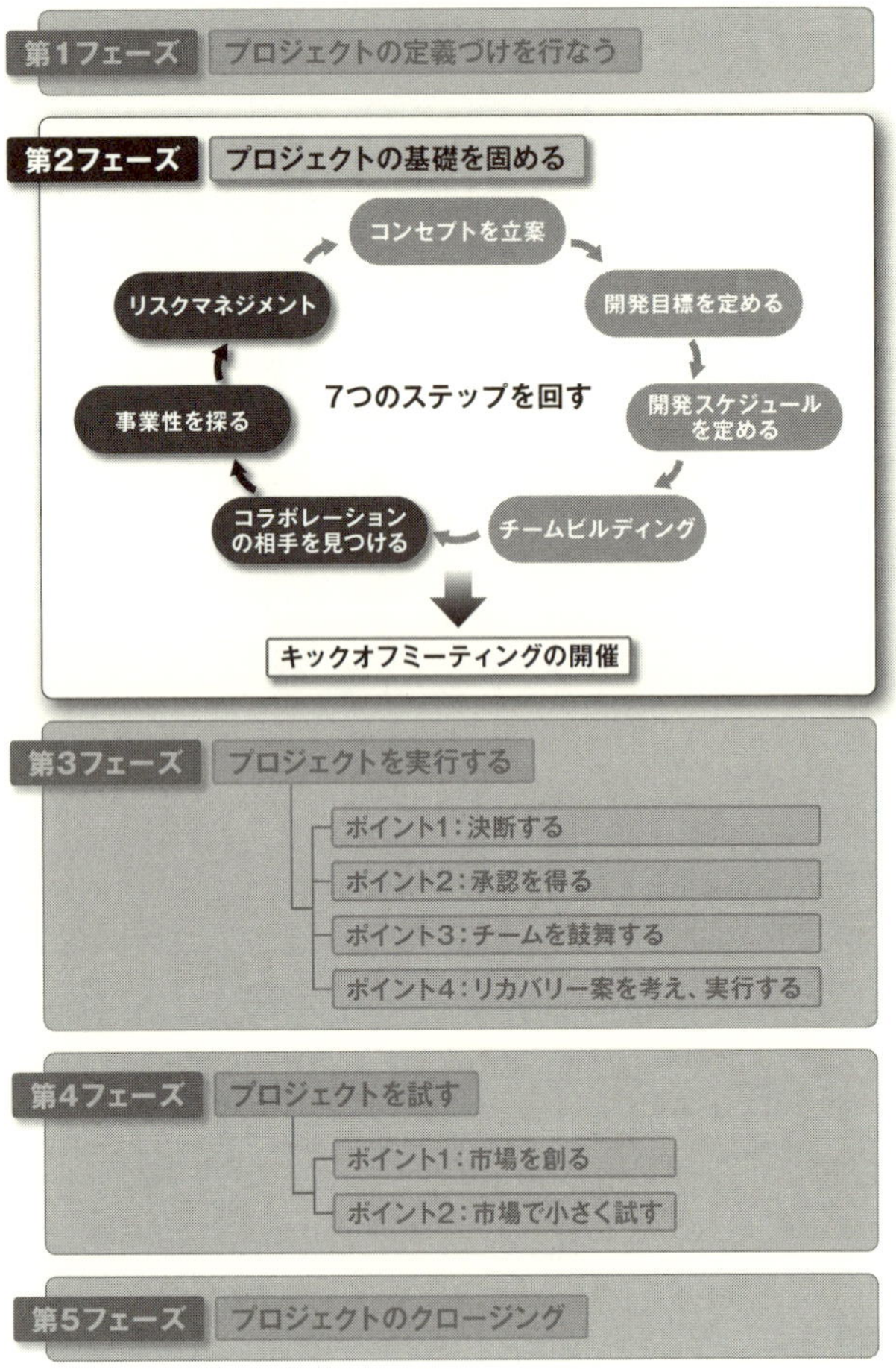
第1フェーズ
プロジェクトの定義づけを行なう
第2フェーズ
プロジェクトの基礎を固める
コンセプトを立案
開発目標を定める
開発スケジュールを定める
チームビルディング
コラボレーションの相手を見つける
事業性を探る
リスクマネジメント
7つのステップを回す
キックオフミーティングの開催
第3フェーズ
プロジェクトを実行する
ポイント1：決断する
ポイント2：承認を得る
ポイント3：チームを鼓舞する
ポイント4：リカバリー案を考え、実行する
第4フェーズ
プロジェクトを試す
ポイント1：市場を創る
ポイント2：市場で小さく試す
第5フェーズ
プロジェクトのクロージング

ステップ5

コラボレーションの相手を見つける

■他社とコラボレートする

新商品を開発する場合、自社単独でより、**他社の部品を含めて初めて成立する、もしくはより相乗効果が高まる**場合があります。たとえば電気自動車で言えば、充電インフラがそれに相当します。いくら自動車会社が電気自動車を開発して販売しようとしても、充電インフラが不十分では普及しません。自分達で充電インフラをある程度整備するにしても、充電設備についてはどうしても社外とのコラボレーションが必要になるのです。

では、このようなコラボレーション企業はどのように見つければいいのでしょうか。それには3つのキーワードがあります。

①相乗効果

これは**Aという商品が出れば、Bという商品も必要となる**場合です。電気自動車の例で言えば、電気自動車（A）が発売されると、当然、充電インフラ（B）も必要となるので、充電インフラ企業とはコラボレートしやすくなります。

②関連効果

これはAという商品が出ることで、結果として**関連して効果が出てくる会社とコラボレートする**ものです。再び電気自動車の例では、Aという商品によって充電インフラ（B）が必要となりますが、これが住宅に設置できるようになれば、住宅メーカーは家の設備機器としてクルマの充電設備を標準もしくはオプション販売することが可能になります。

つまり住宅メーカーは、（C）という関連した会社としての位置づけであり、これもコラボレーションの可能性があります。

③イメージ効果

Aという新商品が出ることで、それと組み合わせて**企業や地域のイメージアップに繋がる**場合です。たとえば、電気自動車と太陽光発電、小水力発電などの再生可能なエネルギーを組み合わせることにより、エネルギーを自給自足して野菜を作ることができれば、CO_2排出ゼロの「ゼロエミッション・アグリ」ということで別の価値が生まれます。

■どのようにアプローチするか

他社とコラボレートするうえでむずかしいことは、相手の**企業文化の違いをどう克服するか**です。それぞれの企業が独立しており、なぜそうした企業同士がコラボレートしなければならないのか、双方の企業を説得する必要があるからです。

説得するためにはファーストコンタクトで両社の感触を探り、**相手側企業にメリット・デメリットを十分に理解してもらう**ことが必要となります。その後、協議を重ねてお互いに協力できる可能性が出てくれば、いよいよ本格的に調整となります。

とくに具体的な開発や投資が必要となる場合は、相互にそれぞれの企業の事業計画やプロジェクトの中で承認されて初めて動くことができるようになるため、入念な調整が必要となります。

そこでプロジェクト責任者は、どこでトップによる面談を設定し、コラボレーションを正式なものにするかなど、**スムーズに調整するためのシナリオを構築**しなければなりません。

言うまでもありませんが、企業間のコラボレーションでは契約も重要な問題となり、メディアへの公表時期も含めて、情報コントロール面で十分な注意が必要となります。

■コラボ成功のカギは？

他企業とのコラボレーションを進めていくうえでカギになるのは、**相手企業にキーパーソンを見つけることができるかどうか**です。ファーストコンタクトではいろいろな部署の人が出てくるでしょうが、最終的には窓口となる部署でキーパーソンを見つけなければなりません。

と言うのは、企業文化が異なれば、どのようなやり方で社内の関係部門に説明したり、上層部への承認を得ることができるのか、うかがい知れません。このため相手企業内で、自分達に成り代わって、コラボレーションのアイデアやその実現性について説得してくれる役割をはたす人が必要になるからです。

コラボレーションを成功させるためには、仕事だから橋渡し役をやっているというスタンスではなく、今回行なおうとしているプロジェクトの意義や社会への貢献などについて、賛同してもらえる人が望ましいことは言うまでもありません。

あえて言うならば、企業という垣根を越えた「同志」という言葉が似合うかもしれません。自分達の思いが相手企業のキーパーソンに伝わり、その人を通じて相手企業の中に賛同者が多数生まれてくるとき、コラボレーションはうまく回り始めます。

このコラボレーションが円滑に大きくなると、1社、2社という単位ではなく、もっと大きな組織体になります。業界としての横通しをしたり、普及を促進していこうとする場合などです。まさに「協議会」のような団体が望まれ、ここまでくると、一プロジェクトから始まったことでも、業界を巻き込んだ大きな潮流になる可能性もあります。

クルマで言えば、電気自動車に必須の「急速充電器」の普及と技術の横通しを行なうために設立された「CHAdeMO（チャデモ）協議会」がいい例です。

チャデモ協議会は、2010年に幹事会社5社（東京電力、トヨタ自動車、日産自動車、富士重工業、三菱自動車工業）で設立されましたが、4年目を迎えた今、海外の急速充電器会社・電力会社・自動車会社も含めて26ヶ国、430以上の組織（2014年3月）が加盟するなど、大きな組織へと変貌しています。

ステップ6

プロジェクトの事業性を探る

■まったく初めての商品の事業性をどう評価するか

新商品開発の場合、その商品の事業性を初期段階から見通すことは極めて重要です。すでに過去に類似の商品があり、その一部を改良して新商品を開発する場合は、過去のコスト実績やコストテーブルもあることから、初期段階から部品コストや製造コストなどを予測することができ、かなり正確な事業性立案が可能です。

しかし、まったく新しい商品の場合は大きく事情が異なります。たとえば研究開発した試作品しかない場合はどうでしょうか。以下のような点が懸念材料になります。

◎量産できる企業が存在するか否か

数個の試作品を作る企業はあるでしょうが、量産規模で生産するとなると、本格的にその業界に参入し、将来の経営軸として部品を提供してくれる意志を持つ企業を見つけないと、生産体制を組むことができません。

◎コストテーブルがあるか否か

まったく新しい部品の場合など、社内のコスト専門家に聞いても知見がなく、コスト見積りすらできないことが多いものです。したがって、量産時の適正価格を算出することも困難です。

◎製造できる設備やライン等があるか否か

自社もしくは、ＥＭＳのように他社に製造を依頼する場合も同様ですが、今までにない商品では、既存の生産設備が使えないことがあります。生産設備やライン構成など製造方法について一から考え直す必要が出てくることから、検討に多くの時間を要します。

◎購入するユーザー数はどれくらいか、適正価格はどれくらいか

この問題は営業部門を悩ませます。過去に経験がないだけに、予測がむずかしいからです。「価格弾力性」と一般的に呼ばれていますが、価格が高いと購入するユーザーは少なくなり、価格が下がるにつれ購入するユーザー層は増加します。これについては後述します。

このように、新商品開発では事業性を算出・評価しようとしても、不確実な点が多く、まさにどこから手をつけたらいいのか、わからなくなるのではないでしょうか。

ここではどのようにして事業性を確認するのか、そのポイントを記しましょう。

■コアとなる協力企業を見つける

最初にして最大の問題は、**「コアとなる部品を量産してくれる企業があるか否か」**ということです。試作品を作る場合は、試作メーカーや量産メーカーに依頼して、試作だからと特別に製作してもらえる場合もあります。製作費用は極めて高価になりますが、とにかくモノを作ることはできます。

しかし、量産するとなると事情は異なります。相手の企業の事業戦略と合致しているか、今後、開発人員を確保し、投資を行なうだけの余裕があるかなど、相手企業の事業性と直結してきます。

まだ先が見えない中で、最初に投資を行なうには相当の勇気がいります。ではどうすれば候補企業を見つけ、合意にいたることができるのでしょうか。

それには次の5つの手順で交渉にあたるといいでしょう。

①新商品を生産する能力があるかどうか確認する

ポテンシャルがありそうな企業に関して詳細な調査を行ないます。とくに新商品・新技術の場合、候補企業にその技術を生産できる能力があるか否かが重要になります。

②社内の購買部門と協議を行ない、アプローチする順序を決める

この段階では候補を1社に絞る必要はないかもしれませんが、もっとも有力な企業から打診するのがいいでしょう。

なお購買部門は、初期段階から購入先を絞り込むことを嫌がる傾向があります。仕様を開示して見積りを取り、安ければどこでもいいと考えがちですが、新商品の場合、仕様書にすべてを記載できるとは限らず、見積りコストばかりを重視すると、後々トラブルを起こす原因となります。

③候補企業を正式訪問する

候補企業を訪問し、当該商品を開発する意図、相手企業に期待することや、今後の業界の将来動向などを説明します。そこでは、言うまでもありませんが、自分達がどれだけ本気であるかが問われます。その意味で、自らも試されていると言うことができます。

④実務責任者間による詳細調整を行なう

候補企業の感触がよければ、実務責任者間による調整を行ないます。不透明・不確実な段階だけに、お互い十分に理解していないことも多く、実務責任者による調整会議で今後の方向性が定まることも多いものです。

この段階で、単に部品を供給するという関係か、共同開発へと進むのか、はたまた合弁会社を設立して独立した組織にするのか等、具体的な方向性が定まります。

⑤経営幹部による面談を行なう

ほぼ骨格が見えてきた段階で、トップもしくは経営幹部による会談を実施します。ここでどのような関係を締結するのか、契約も含めた話し合いが開始されます。

いずれにしても、この段階でもっとも重要なのは、**相手企業のトップに当該新規事業に対して熱意を持ってもらえるかどうか**です。もし短期での事業性を性急に求めるのであれば、不確実性が高いだけに、相手企業を失望させてしまうことにもなりかねません。

自社の「次世代の柱に育てたいという強い信念」が、両社の関係者に信頼感を生み出し、これからの困難を乗り越えていこうという気持ちに繋がっていくものと思います。

■価格弾力性で考えてみる

コア部品の供給企業が決まると、サプライヤー選定も一気に加速します。そして、製造、品質、営業部門も新商品に対して事業性を算出することになります。

不確実性が高い新商品開発で、とくにむずかしいのが販売価格と販売台数の関係です。

営業部門は、従来品に類似した商品があれば、どれくらいの価格にすればどれくらいの台数の販売が見込めるのか、自らの実績に照らし合わせて判断することができますが、まったくの新規商品の場合は、判断する材料がありません。そこで、よく使われるのが「価格弾力性」という考え方です。

経済学の原理から言えば、**価格を下げれば販売数量は増加し、価格を上げれば販売数量は減少**します。ある意味当たり前ですが、価格弾力性はそれだけでなく、**「利益を最大化するような最適な価格と販売数量の組み合わせを探る」**ことにも使われます。

では、「価格弾力性」とはどういう考え方なのか、を説明しましょう。

たとえば、プロ野球開催期間中の3日間、各地のスタジアムで同じ「オリンピック記念CAP」を販売したと仮定しましょう。

図4-1　オリンピック記念CAPの販売数量と販売価格

	販売数量(個)	販売価格(円)
スタジアムA	500	1,800
スタジアムB	400	2,500
スタジアムC	570	1,800
スタジアムD	900	1,300
スタジアムE	700	1,500
スタジアムF	250	3,500
スタジアムG	350	2,200
スタジアムH	550	1,600
スタジアムI	200	4,000
スタジアムJ	300	2,500
スタジアムK	80	5,000
スタジアムL	100	4,500
スタジアムM	350	2,200

図4-2　CAPの販売数量と販売価格の関係

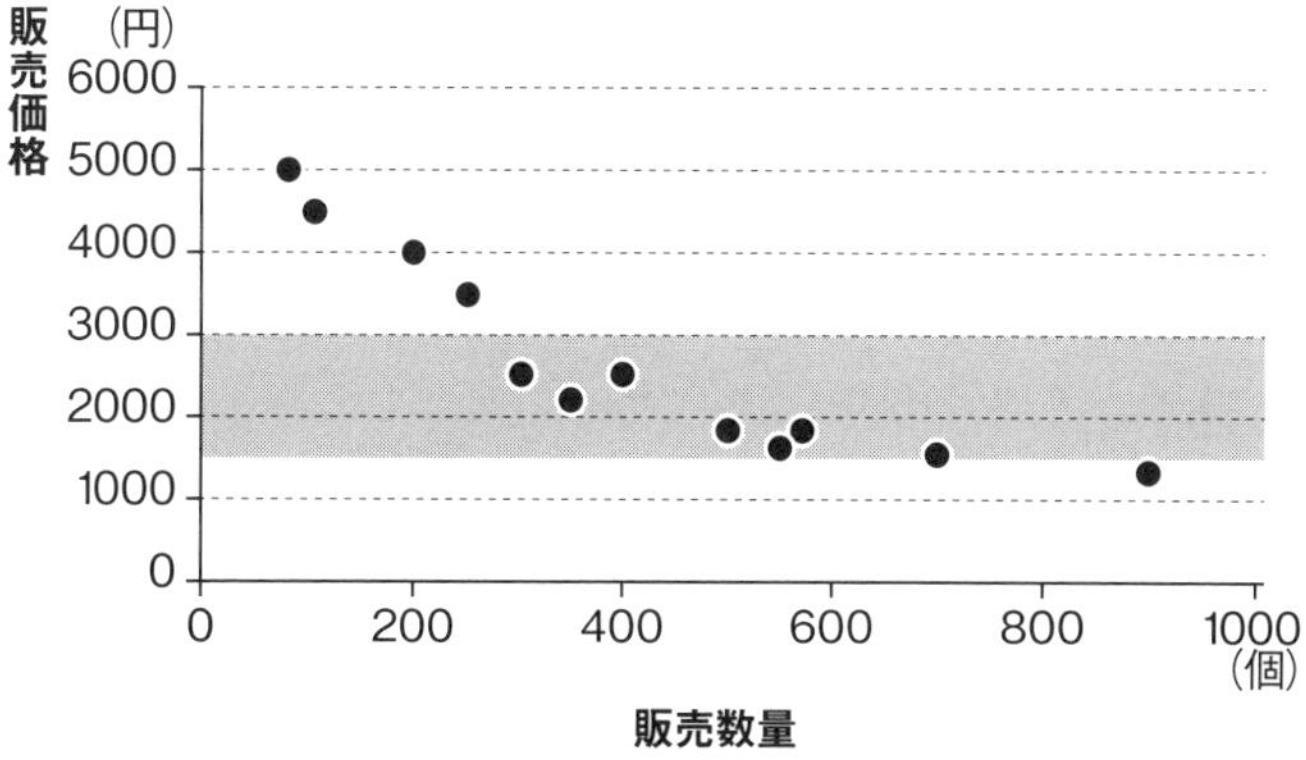

それぞれのスタジアムの店が勝手に値づけをしたことから、価格はスタジアムによってバラバラでした。３日間の各スタジアムの販売数量と販売価格は図４－１のとおりです。

そしてＣＡＰの販売数量と販売価格の関係を表わしたのが図４－２です。

図４－２によると、販売価格と販売数量から見たＣＡＰの値頃感は１５００～３０００円のように見受けられます。はたしてそうでしょうか。

さらに販売数量と販売価格の関係性を見るために、指数近似曲線を用いて需要曲線を引きました（図４－３）。需要曲線は、販売数量と販売価格の価格弾力性を示していると言うことができます。

では、このＣＡＰの製造原価が仮に８００円

図4-3　CAPの販売数量と販売価格の価格弾力性

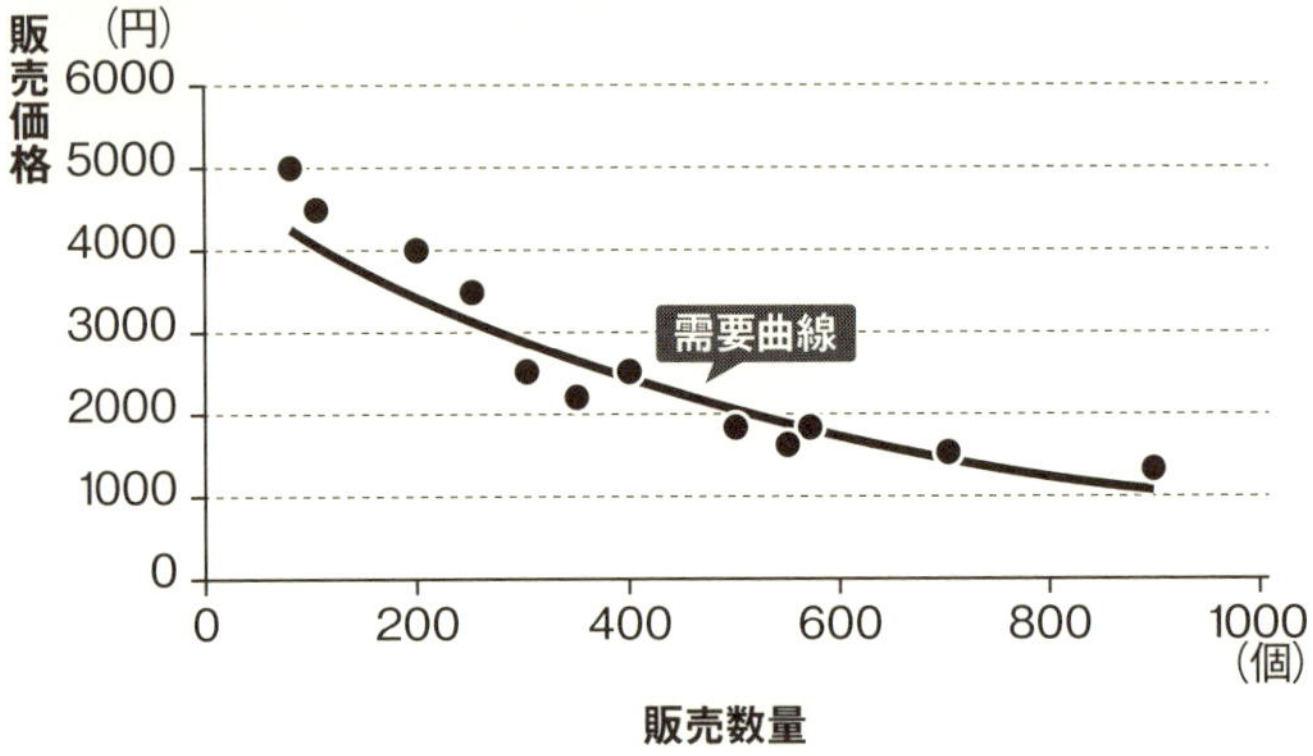

だとすると、価格弾力性が示された需要曲線から、いくらで販売するともっとも儲かるとわかるでしょうか。

図4-4に示すとおり、価格が上がると販売数量は減り、安くすると販売数量は増えますが、利益面で見ると、2500～3000円ゾーンがもっとも利益が上がるようです。

つまり、CAPについては、1500円のように安価で販売してもあまり収益性はよくなく、少し高めですが、2500～3000円のゾーンで販売するのがもっとも利益が出るという結果が得られました。

このように「価格弾力性」という考え方を使うことで、販売数量に惑わされることなく、収益面での最大化が推測できます。

図4-4　価格弾力性と利益額

販売価格(円)	販売数量(個)	売上高(円)	利益高(円)
4,000	120	480,000	384,000
3,500	200	700,000	540,000
3,000	300	900,000	660,000
2,500	400	1,000,000	680,000
2,000	530	1,060,000	636,000
1,500	700	1,050,000	490,000

ただし、新商品のようにまだ商品が販売されていない段階では、あくまで**販売数量は予測に過ぎず、できる限り従来の商品価格に近づけるように努力する**ことが必要でしょう。

もちろん、新商品の製造原価が通常と比べて大幅に高くなる場合は、販売価格をどう設定するか、よく吟味する必要があります。

ステップ7 リスクマネジメントの重要性

■ISO26000は必須

まず最初に、プロジェクト責任者が注意しなければならないもののひとつに、『ISO26000：社会的責任に関する手引（Guidance on Social Responsibility）』があります。

これは企業のみならず、NPO、教育機関、自治体等のすべてのタイプの組織を対象として、国際標準化機構（ISO）によって定められた「世界初の社会的責任に関する国際的行動規範」です。

約100ヶ国が参加し、約6年の歳月をかけて議論され、2010年11月に正式発行されています。

この手引書は、組織が社会的責任をはたすための7つの原則と、それが期待される7つの中核主題から成り立っています。

図4-5　ISO26000 社会的責任をはたすための7つの原則

1. 説明責任	組織の活動によって外部に与える影響を説明する
2. 透明性	組織の意思決定や活動の透明性を保つ
3. 倫理的な行動	公平性や誠実であることなど倫理観に基づいて行動する
4. ステークホルダーの利害の尊重	様々なステークホルダー(利害関係者)に配慮して対応する
5. 法の支配の尊重	各国の法令を尊重し順守する
6. 国際行動規範の尊重	法律だけでなく、国際的に通用している規範を尊重する
7. 人権の尊重	重要かつ普遍的である人権を尊重する

【7つの原則】

①説明責任、②透明性、③倫理的な行動、④ステークホルダーの利害の尊重

⑤法の支配の尊重、⑥国際行動規範の尊重、⑦人権の尊重

【7つの中核主題】

①組織統治、②人権、③労働慣行、④環境、⑤公正な事業慣行、

⑥消費者課題、⑦コミュニティへの参画およびコミュニティの発展

この国際規格はあくまでガイダンスであり、適合性評価や第三者認証を必要としているものではありませんが、「社会的責任とは何か」が体系的にまとめられたもので、企業においてはいろいろな行動を取るときの手引となるものです。

プロジェクト責任者は、最初の段階でこの内容を念頭に置き、プロジェクトを進めることが必要となります。

なぜなら、現代のビジネス社会のあちこちで不祥事が頻発しており、その原因を探っていくと、個人ならびに組織のモラルの低さ、リーダーシップのなさ、企業倫理の欠如、ガバナンス体制の不備、企業風土・業界の常識などが企業統治を狂わせていることがわかります。

その多くはISO26000が定める7つの原則と中核主題について考慮せずに行動を取っ

図4-6　ISO26000 7つの中核主題

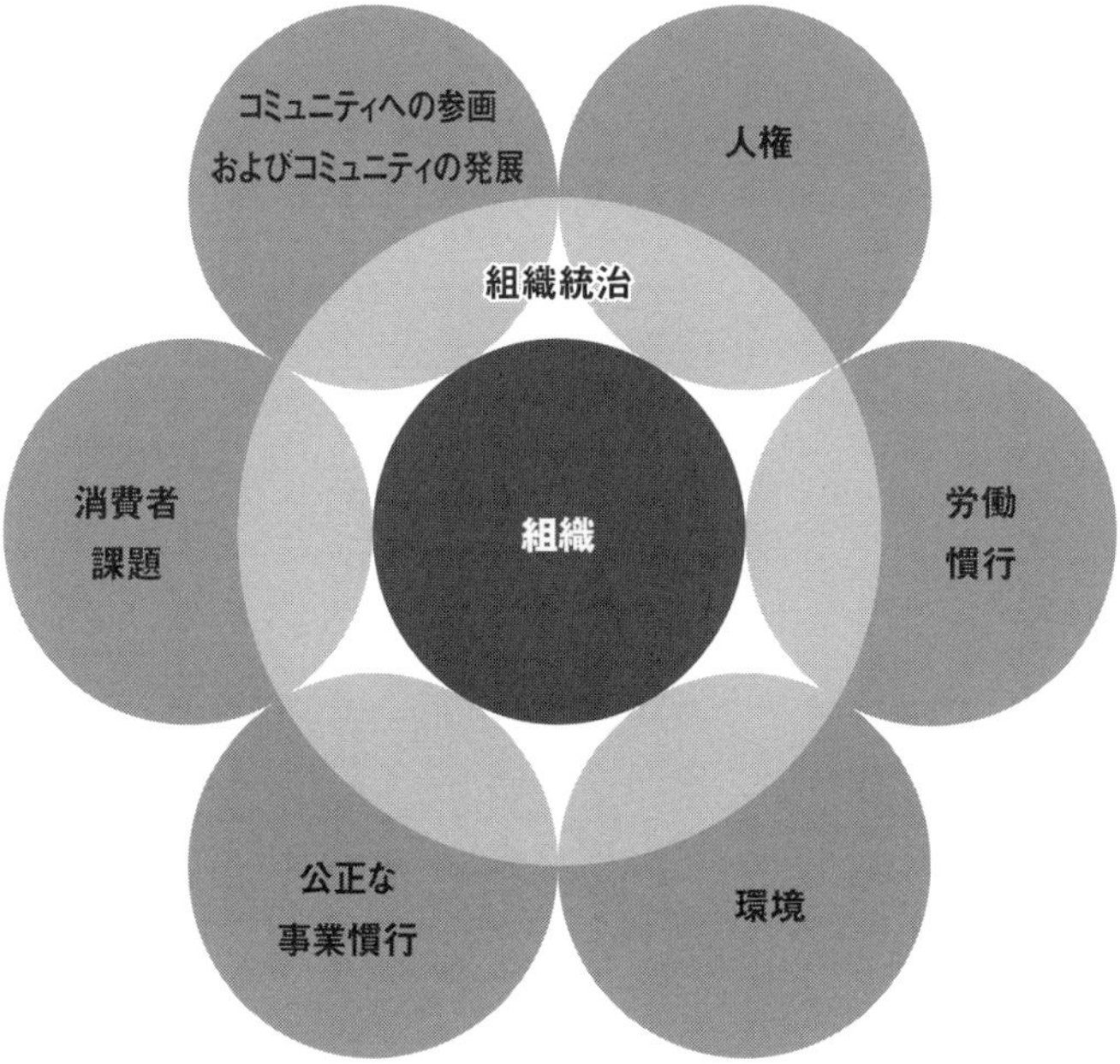

たことで発生しているものであり、結果的にステークホルダー（利害関係者）への不信、組織全体の信用失墜に繋がるものです。

リスクマネジメントとして、プロジェクトの責任者はその予防の意味で、ＩＳＯ２６０００の活用が望まれるものです。

■ガイドライン・チェックリスト・失敗の記録などで確認を

多くの企業では、何らかの形で社内基準・ガイドライン（設計、試験など）・チェックリストが存在していると思います。商品の開発初期段階では、これら**社内基準・ガイドライン・チェックリストに照らし合わせて合致しているかどうか確認する**ことが大切です。

しかし、まったくの新商品の場合、適合する基準やガイドラインがない、もしくはあってもまったく合致しないことも多いと思います。

このようなときは、社内基準が「ない」と諦めるのではなく、この商品に適した基準やガイドラインはどのようなものかと考え、それから作ることを提案します。そのように考えると、いい加減なことはできず、次世代のしっかりとした基準やガイドラインの骨格ができ、その後の**実行段階でも、さらに充実した行動が図れる**でしょう。

また各企業では、過去にいろいろと失敗した経験を何らかの記録、たとえば「失敗の記録」「失敗ノウハウ集」として残しているのではないでしょうか。

これら過去の経験は陳腐化していて、現状にそぐわない面もあるかもしれませんが、一度そうした記録を紐解くことをおすすめします。とくに、以前に商品化されていた場合はなおさらです。表面的な事象は異なっても、エッセンスで共通していることがあるかもしれません。

■FTAで陥りやすい課題を抽出する

商品の開発がもう少し具体的になると、**新商品の欠点や市場で起きるかもしれない不具合が潜んでいないかどうかを知る**ことがとても大切になりますが、そうした故障や不具合を防止する分析手法に、FMEA(Failure Mode and Effect Analysis)があります。FMEAはIEC（国際電気標準会議）の国際標準にもなっています。

開発段階でFMEAを用いて、商品の潜在的な欠点を見出すために、故障・不具合モードの診断解析を行なっているかもしれませんが、**FMEAは設計の不完全さなどが原因で起こる不具合を探る**ボトムアップの手法です。そこで逆に、**商品の不具合の事象からその原因を探る、**トップダウン方式のフォルトツリー解析（FTA：Fault Tree Analysis）で商品を検討することも、新商品開発の初期段階では有効です。

ご存じの人も多いと思いますが、FTAは1960年代にアメリカのベル研究所で、ミサイルの信頼性評価、安全性評価用に開発されたもので、現在は、原子力プラント・化学プラント・交通システムなど数多くのシステムで採用されています。

ＦＴＡでは、最初に起こり得る望ましくない事象（特定の故障・事故：Top Event）を想定し、考えられる発生要因を系統的にかつ漏れがないように、上位のレベルから順次下位に論理展開していきます。

最後に最下位レベルの問題事象の発生頻度から、最初に想定した特定故障・事故の発生確率を算出し、同時に故障・事故の因果関係を明らかにします。

この手法の特徴は、どのような不具合がどの部品によって発生するかはわからなくても、誰にでもわかる現象、たとえば、「作動が停止する」「感電する」「誤動作する」などを列挙することで、その要因となる要素を探し出していき、注意しなければならない部品とその要素にたどり着くことができることにあります。

もちろん、重要要素は部品開発段階で十分に考慮されているでしょうが、問題点をツリーで列挙し、全体的に俯瞰することで不具合の漏れを防ぎ、その確率までも推定できることから、新商品のように初期段階ではどこに不具合が潜んでいるかわからない場合は、ＦＴＡはとても有効なツールになります。

図4-7　FTA分析の例

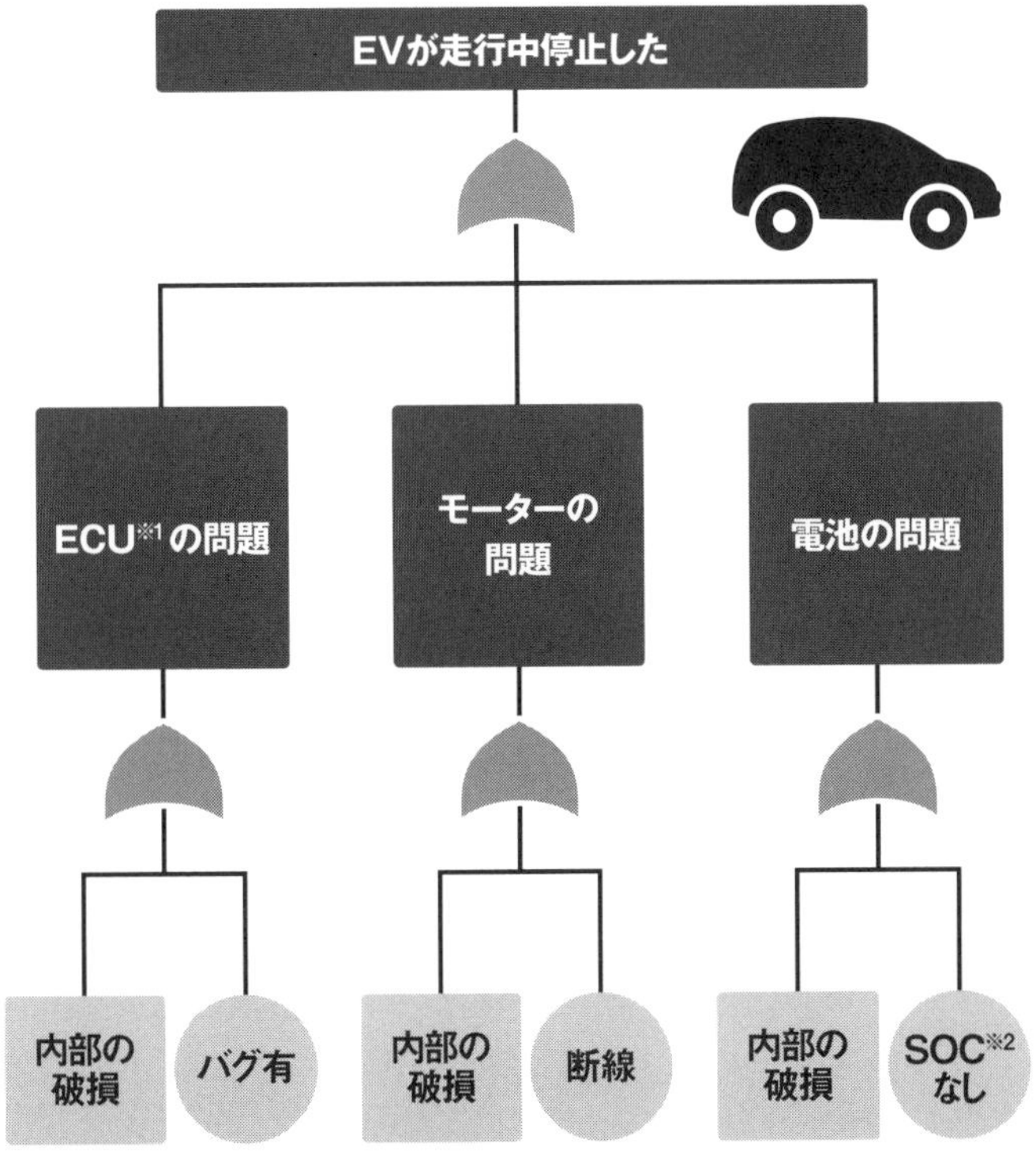

※1 Electronic Control Unit：電子制御ユニット
※2 State of Charge：充電率

■組織の壁、抵抗勢力にどう立ち向かうか

リスクと言うと、組織や人の話もしなければなりません。

新しいことを始めようとすると、おそらくどの世界もそうでしょうが、なかなか**他の組織や周囲の人に理解してもらえない**ことが多いものです。単に理解してもらえないだけならいいのですが、ときには足を引っ張られるようなことも起こります。

ハーバード大学ケネディ行政大学院教授のロナルド・A・ハイフェッツは、『最前線のリーダーシップ』の中で、「リーダーシップを発揮しようとすると、さまざまな形で危険にさらされる」と指摘します。それはつまり、「人々は長く親しんだ状態を維持し、元の秩序を取り戻し、適応を必要とする仕事が伴う痛みから人々を防御するためだ」と。

組織的にこのような動きがある場合は注意しなければなりません。

リスク1：脇に追いやられる
リスク2：注意をそらされる
リスク3：個人攻撃される
リスク4：誘惑される

また組織が大きくなると、どうしても抵抗勢力と言うか、新しいことにチャレンジする人に対してネガティブな反応を示す人も出てきます。このような場合、あからさまな嫌がらせではなくても、プロジェクトに優秀な人の人選をお願いしても、エース級ではなく、二軍もしくは新人などを選抜してきたりします。

では、このような人にはどう対応すればいいのでしょうか。議論を吹っかけてみても、あまり勝ち目はありません。何しろこちらは相手に対する正確なデータを持っていないのですから。この段階では、相手の指摘についてはありがたく頂戴しておくに限ります。

「なるほど、そのような点にも気をつけなければならないのですね。アドバイスありがとうございます」と。喧嘩はせず、できる限りスルーするに限ります（派手にバトルをやってみても、敵・味方とも離れていくだけです）。

プロジェクトが立ち上がったばかりで、キックオフミーティングも開催していない初期段階ではなおさらです。

では黙っているだけでいいかと言えば、決してそうではありません。この段階では**上層部の支持を固める**ことが大切です。

ステップ4の「チームビルディングの要諦」で、「直属の上司」─「プロジェクトの責任者」─「プロジェクトのサブ責任者」の三者による「強固な結束」が必要と記しましたが、それ以外にも、会社上層部の支持を固めることに第一義を置くべきです。

外野からいろいろな声が届いても、スポンサー（プロジェクトをサポートしてくれる経営幹部等）に支持してもらえれば、安心してプロジェクトを遂行することができます。

ステップ8 キックオフミーティングを開催する

■上層部を巻き込んだキックオフミーティング

さて、いよいよ「プロジェクトを社内的に公にする」ための最終段階です。今まで行なってきたことをまとめて、「キックオフミーティング」として正式にお披露目するのです。

「キックオフミーティング」を、プロジェクトの内容が固まらないまま、もしくはアサインされた直後にプロジェクトをスタートする意味に捉える人がいますが、それは内輪つまりコアメンバーによるミーティングです。

ここで言う「キックオフミーティング」は、社内的にオーソライズされたことを、社内のプロジェクトに関連している人はもちろん、それ以外の人も含めてアナウンスするものです。**社内での正式プレスリリース**とも言えます。

キックオフミーティングの開催にあたっては周到な準備が必要です。ぜひともコアメンバーで次のような準備を始めましょう。結婚披露宴の準備に近いと思ってください。

◎スポンサーの確保

できる限り**上席のスポンサー**（経営幹部）の出席を確保してください。誰が参加するかによってプロジェクトを見る周囲の目も変わります。

◎開催場所の確保

プロジェクトにもよりますが、参加人数はできる限り多く、自分が思っているより少し大きめの規模感にするつもりで、それに相応しい場所を確保しましょう。

◎開催スケジュール（式次第に近いもの）の策定

「スポンサーのスピーチ」「プロジェクト側の説明」「キーとなる技術の進捗状況説明」「製造、営業サイドからの意気込み説明」などについて、タイムラインをはっきりさせるとともに、スピーチをしてもらう人には早めに依頼しましょう。

◎プレゼンテーション資料の作成

スポンサーへの説明資料、さらにはキーとなる部品の開発側の説明など、**すべてトーンを合わせるようにプロジェクト側がリードする**必要があります。キーとなる部品等についてはネガティブな要素を説明するのではなく、これが実現できるとどのような世界がもたらされるかなど、**ポジティブに語る**ことが大切です。

◎参加者の招聘

この会議には、企画、製造、品質、営業など関係する部署から責任者、そして当該プロジェクトにアサインされた人、もしくはまだ部内で決まっていなくてもプロジェクトに相応しい人の出席を要請します。

参加した人が、このプロジェクトが重要であると認識すればするほど、**優秀な人をアサインしてくれる**ことに繋がります。またスポンサーのポジションや意気込みを感じて、今後協力が得やすくなる効果もあります。

◎プロジェクト側からの思いを説明する

キックオフミーティングでもっとも重要なのは、主催者であるプロジェクト側から、**「今回の新商品開発で何を目指すのか、またそれが達成されたときは世の中にどのような貢献ができ**

るのか」を明らかにすることです。

つまり、単なる普通のプロジェクトではないことを参加者に理解してもらい、まったく新しいことに挑戦する意気込みを感じ取ってもらう必要があります。たとえて言えば、キックオフミーティングは、新大陸を目指して大洋に向けて出発する門出なのです。

◎質疑応答の時間を確保する

プロジェクトにあまり関わっていない人も多数出席するため、できる限り質疑応答の時間を確保しましょう。他の人が疑問に思っていることを質問することで、多くの人が納得する場面もあります。

◎「スローガン」や「キャッチフレーズ」の披露

最後に、当該プロジェクトを進めるための「スローガン」などを披露します。そこで参加者の人達の力の結集が必要であることを訴えます。

◎終了後、議事録を発行する

キックオフミーティング終了後、議事録を発行します。詳細なプレゼン資料などは関係する部門のみに配布すればいいとしても、**カバーレター（議事録の概要）を参加部門に幅広く配布する**ことで、社内で多くの人の目に触れ、当該プロジェクトが正式に立ち上がったことをアナウンスすることができます。

◎記録の整理

できれば、キックオフミーティングのようすを写真もしくはビデオに撮り、記録に残しておきましょう。大きなセレモニーであり、今後、社内報での紹介や社外での説明の際に幾度も活用する場面がないとも限りません。

キックオフミーティングを機にプロジェクトが正式にアナウンスされ、大きく動き出すことになります。**キックオフミーティングの成否はプロジェクトの成否に影響を及ぼします。**

つまり、プロジェクトが失敗する場合、後で振り返ってみると、キックオフミーティングで参加者の同意が得られなかったり、スポンサー役が不在であったり、他部門からの協力度合が小さいといったことがよくあるのです。

プロジェクトは、最後に予想もつかなかったことや、社としての方針変更など、予定外のことで頓挫することもあります。しかし、**プロジェクトが成功するか否かは、キックオフミーティ**

ングまでにどこまで準備できるかによって80％が決まると私は思っています。

プロジクトを預かった人は、まずはキックオフミーティングを目標にプロジェクトを遂行することをおすすめします。

5章

プロジェクトを実行する（第3フェーズ）

4つのポイントを情熱を持って実行する

プロジェクト進行のプロセス⑤

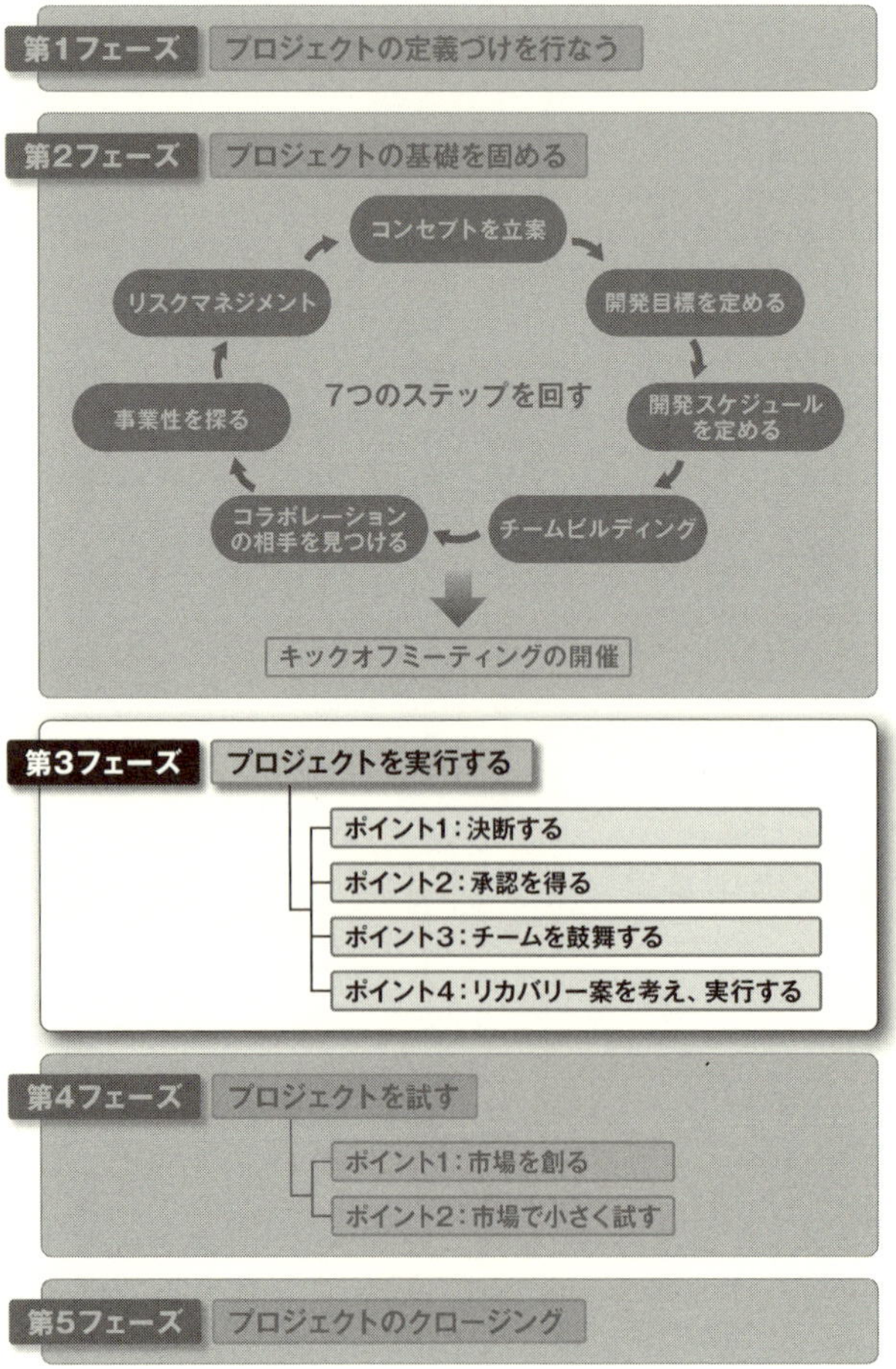
第1フェーズ
プロジェクトの定義づけを行なう
第2フェーズ
プロジェクトの基礎を固める
コンセプトを立案
開発目標を定める
開発スケジュールを定める
チームビルディング
コラボレーションの相手を見つける
事業性を探る
リスクマネジメント
7つのステップを回す
キックオフミーティングの開催
第3フェーズ
プロジェクトを実行する
ポイント1：決断する
ポイント2：承認を得る
ポイント3：チームを鼓舞する
ポイント4：リカバリー案を考え、実行する
第4フェーズ
プロジェクトを試す
ポイント1：市場を創る
ポイント2：市場で小さく試す
第5フェーズ
プロジェクトのクロージング

ポイント1

決断する

さて、いよいよプロジェクトの実行段階に突入です。プロジェクト進行のために必要な事項は、ほぼ、「プロジェクトを社内的に公にする」段階までに取りまとめました。また、「キックオフミーティング」も盛大に開催しました。これから本格的にプロジェクトを実行し、推進していく段階となります。

この章では、プロジェクトを実行していくうえでの心構えを記載していきます。自らのプロジェクトと異なることもあるかもしれませんが、その意を汲み取ってもらえればと思います。

■プロジェクトに徹底的に介入する

いよいよプロジェクトの実行段階に入るわけですが、実行段階においてプロジェクト責任者としてもっとも重要なことは何でしょうか。

間違いなく言えることは、**プロジェクトに関連することであれば、何でも「徹底的に介入する」**ことだと思います。

これが口で言うほど簡単ではありません。机に座って、各部門から上がってくる報告を読んで、すべてわかったように思っている責任者がいるかもしれませんが、それではなかなか現場の声や実情を把握できません。

とにかく会議に参加し、デザイン・設計・試験・生産・品質・営業などいろいろな部門に顔を出し、担当責任者だけでなく、**それぞれの担当者とも幅広いコミュニケーションを取る**必要があります。

そうしている間に、「たまたま今日見つかった問題」「日頃から懸念している問題」「部門間で調整がうまくいっていない問題」「試験設備や試験方法に関する問題」「マンパワー不足の問題」など、ペーパーだけではわからない情報がホットに入ってきます。

そのようなホットな情報をもとに、正式に課題としてチーム内で協議を開始するのか、人事や設備費用などについて上層部に働きかけるのか、**いろいろな解決策を探る**ことになります。**「仕事がうまくいっているプロジェクト責任者は、ほとんど席にいない」**と言われるゆえんはここにあります。

有能なゼネラルマネージャーの行動パターンを数多く調べ上げたJ・P・コッターは、『ビジネスリーダー論』の中で、共通するパターンとして次のようなことを挙げています。

- **1日の大半を誰かと過ごしている。一人で働いている時間は24%に過ぎない**
- **時間を割く相手は直属の部下や上司に限らずたくさんいる**
- **彼らと話す話題は広範囲に及ぶ**
- **相手に命令するのではなく、働きかけようとしている**

なお、ここで注意したいのは、プロジェクトの責任者は、**単に調整役や仲介役が仕事ではないということです。**自分の考えている方向性と異なることをやろうとしていれば、即時に中断や方向修整を申し入れたり、やる気が見られない場合は、ときには喝を入れることも必要となります。

「介入する」とは、**いいことも悪いことも含めて、すべてを理解したうえで自らが考える方向性にリードしていくこと**であると考えます。

こうしたことが端的に現われるのがデザインです。

新商品であれば、デザインが命であることは言うまでもありません。しかし、設計条件などを反映しようとすると、当初の斬新で美しいデザインがだんだん崩れがちになります。

このようなとき、プロジェクトの責任者は、ぜひとも何とか踏みとどまり、**デザイン側に立って斬新な美しさをキープしてほしい**と思います。

これも口で言うのは簡単ですが、開発日程が迫っている中で、オリジナル性を維持するのは相当の勇気がいることです。しかし、ユーザーの立場から見ると、iPhoneの例を出すまでもなく、何か取ってつけたようなゴテゴテしたデザインでは、いくら企業の論理をかざしてみても、最後にはデザイン性に優れている商品に負けることは明らかです。

■構造成立性にこだわる

次に構造です。

構造設計の段階でよく問題になるのは、**「内部の成立性」**と**「開発目標の達成度合」「使い勝手」**、そして**「デザイン」**です。

この場合も、設計サイドがいろいろ検討した結果、これしかできないとの見解で、使い勝手を悪くしたり、またまた妥協したデザインを採用することになったりします。

このようなときのアドバイスとしては、右か左かのどちらかに決めるのではなく、いったん設計サイドの意見を聞くだけ聞いて、**しばらく時間を取る**ようにしてはどうでしょうか。設計サイドも、現時点ではムリと言っているものの、いろいろな角度から再度検討し、小型化やレイアウトの上下左右を見直すことで、問題が解決することもあります。

とくに、新商品のコンポーネント（構成部品・成分）などは要注意です。部品を作るサプライヤーですら、最終的にどのような形になるのかわからないため、できる限り余裕を取った設計にしようとします。筐体《きょうたい》内部に余分な空間を作ったり、後で部品を追加するスペースを確保しておいたりもします。

そして最終仕様が固まった段階で、部品の統廃合を行ない形状を確定することから、**初期段階ではまだ変更の自由度ありと考えておく**ことが肝要です。

最後に最終検討段階で、どうしても今日、レイアウトを決定しなければならないというとき、プロジェクト責任者はどういう態度を取るのがいいのでしょうか。

私が推奨するのは、**プロジェクト責任者自らが前に出てペンを握り、たとえばボードに利害得失などを記載しながら、議論をリードしていく**ことです。

不思議なものですが、プロジェクト責任者がペンを握り会議をリードし始めると、いよいよ決定のタイミングだと参加メンバーが思い始め、議論は白熱するものの、多くの場合はプロジェクトを思っていた方向に、いわゆる「落としどころ」に持っていくことができます。

プロジェクト責任者が前に出て仕事をする、いわゆる「先導役」を引き受けることで、「今回はプロジェクト責任者がそこまで言っているわけだし、ここで収めるしかないか」とメンバー間で最終的な結論が生まれてくることが多いようです。

■開発日程はよほどのことがない限り変更しない

実行段階になると、いろいろなトラブルが発生します。そうしたトラブルに対応していちいち変更案を採用していると、ほぼ毎日、日程が遅れる状況になります。

ではトラブルにどう対応すればいいかと言えば、基本的には、**「よほどのことがない限り日程変更はしない」**と腹をくくることではないでしょうか。

いったん決めた日程は、あちこちで多少の遅れが出ても、**「全体日程だけは遅らせない」と、プロジェクト側の強い意志を示す**ことで、遅れそうな部門も「日程変更はできない」と考え、必死についてこようとします。情報が伝わるのは速いですから、一番ビリだと思っている部門が急激に追い上げ始めると、遅れが出ている他の部門にも波及します。

また基本日程は、後工程の多くの部門と繋がっており、さらに言えば社外の生産メーカーや金型メーカーにも連動しているので、日程を頻繁に変えると関連する部門や協力会社の隅々にまで正確に伝わらない可能性があり、プロジェクトへの信頼を失わせます。

どうしても開発日程を遅らせるというときは、もう一度、**計画をリセットするくらいの覚悟が必要**です。

■試作は可能な限り改良する

新商品開発でも試作がある場合と、ない場合（たとえば船や飛行機など）がありますが、たとえない場合でも、エンジンなどの主要コンポーネントについては、船や飛行機でも試作があるのが普通です。

この試作についても、プロジェクトの責任者として「徹底的に介入」してください。

すでに経験した人も多いかもしれませんが、会議で完全に合意ができたと思ったことでも、お互いの理解が異なり、実際のモノを見て「ビックリ！」というシーンが多々あります。

また実際の使い勝手など、最近はCADもしくはITを活用して、模擬操作性を検討することも可能ですが、重量感や質感、操作性など、人間の五感に関連するようなアイテムは、実物でないと正確に確かめることができません。とくにCADでは、拡大縮小が容易であり、その実態を見誤ることがあります。

ここがもっとも重要な点ですが、**試作で不具合の箇所、調子のよくない箇所は、時間と開発費を惜しまずに（たとえ予算が厳しくても）、ぜひとも作り直してください**。次のステージゲートで改良すればいいと考えていると、ずるずると遅れ、最後の段階で自分の認識と異なったものができてしまい、最終的に日程に間に合わなくなる可能性が大きいからです。

さらに試作の段階では、いろいろ試した結果、最初に思っていたことと異なる方針、つまり「朝令暮改」のように煩雑に方針を変更することがあるかもしれません。しかし、それもやむを得ないと割り切ることが大切です。それができることが試作の意義なのです。

エジソンが白熱電球のフィラメントに使う素材を研究していたとき、最終的に2万種類以上の材料を試したことは語り草になっています。そのときエジソン研究所では、すべての部屋に以下の標語を貼り出したそうです。

「人は自分で考えるという労力を避けるために、ありとあらゆる理由を考えつく」

人間は課題や問題にぶつかると、1～2回はそれなりに考えるものの、すぐに諦めて言い訳を考えたくなる。エジソンは、「ブレイクスルーするためには**徹底的に考え抜き、試していかなければならない**」と繰り返し指摘し励ましたそうです。

■量産金型製作の着工がカギ

さて、プロジェクトで「決断する」ことの中でも、かなり重い決断が、「量産金型製作の着工」ではないでしょうか。量産金型の製作に着工するということは、試作と違い、開発商品の量産を決断するということですから、当然、経営トップの承認が必要です。

試作をいろいろと修整し、ほぼこれでよしとなった段階で着工するのですが、実際には量産金型の製作には幾つかの条件が揃わないと着工できません。

たとえば、販売台数の増減によって金型の面数も変わってきます。またモノによっては、非常に長く製作期間を要するものもあり、他の部品に比べ早期に着工する必要があるものもあります。早期に着工するものについては、もうこれ以上サイズ・構造などに変更はないとの確証を得なければなりません。

量産金型製作の着工は、モノ作りを行なっていくプロセスの中では、ある意味「Point of No Return」であり、後戻りできない地点になります。

万が一、仕様が大幅変更になろうものなら、最悪、量産金型を廃却してやり直しになるかもしれません。いずれにしても莫大な損害が出ることは必須であり、プロジェクトの責任者がもっとも気を使うタイミングではないでしょうか。

ポイント2

承認を得る

■「目標コスト達成活動」をリードする

プロジェクトで開発した商品の量産化を進めるためには、最終的にコストの問題と商品の事業性をクリアし、収益性を確認して取締役会等で承認を得なくてはなりません。

そこでプロジェクト責任者の困難な仕事のひとつに、**「目標コスト達成活動」**があります。あえて「原価低減活動」と呼ばず、「目標コスト達成活動」と呼んだのは、まったく新しい商品の場合、そのハードルが極めて高いからです。

一般的にパレート図におけるＡＢＣ分析では、「上位20％の商品によって売上の80％が決まる」と言いますが、新商品の原価についても例外ではありません。電気自動車の場合は、これがとくに極端かもしれません。

通常、クルマの部品点数は2～3万点あると言われますが、電気自動車では高額部品トップ20で、全資材費の7～8割を占めていると言っても過言ではありません。

図5-1 パレート図とABC分析

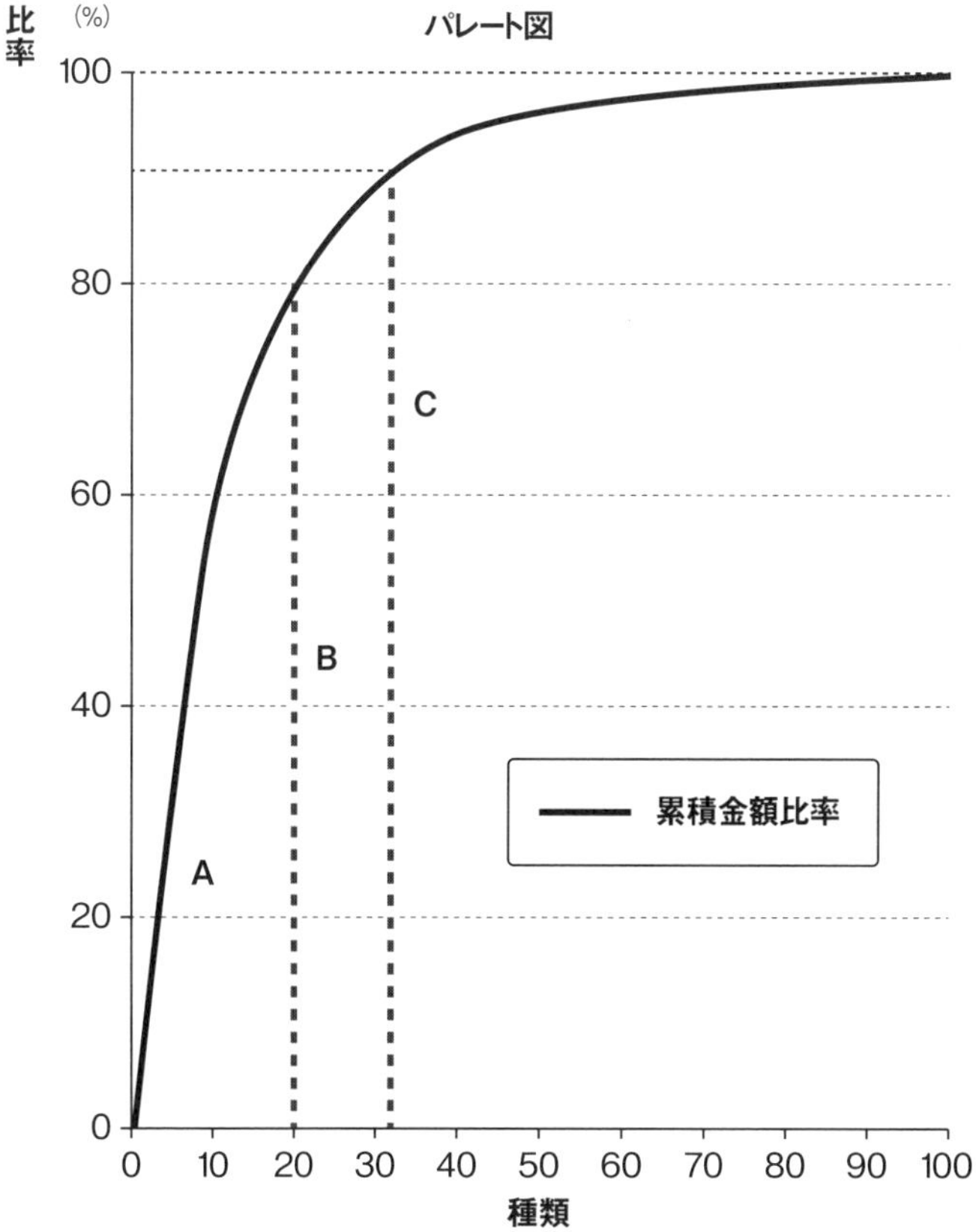

ABC分析では上位20%の商品で売上の80%が占められると言うが、電気自動車の開発では、少数の部品の費用が全資材費の70〜80%を占める

このように新商品開発の場合、新規部品が極端に高価格になる傾向が強く、その場合、プロジェクト責任者が行なわなければならないことは明白です。**上位10~20点に絞って、徹底的に「目標コスト達成活動」を企画しリードする**ことです。

ではこの段階で何に注目してリードすればいいのでしょうか。私は、以下の3つが重要であると考えます。一般に原価低減活動では、「製造プロセスの見直し」「材料置換」などが行なわれますが、初期の段階ではそのような原価低減ではなく、もっと根本的なところを見つめる必要があるからです。

①仕様条件の明確化

新しい商品、新しい部品ではスペック（性能）が決まっているようで決まっていないことも多々あります。しかし、部品を作る側から見れば、スペックひとつで構造が大きく変わってしまいます。このため、スペックが今後まだ変更になりそうだと思えば、マージンを取った設計をしようと考えます。

そこで、**できる限り早く仕様のひとつひとつを明確にしていく**ことで、かなり限界までの設計が可能となります。どうしても決めきれないときは、後にどうするかをあらかじめ決めておくことで安心することができます。

②分離・統廃合の可能性を探る

新しい部品の場合、よくオールインワン、つまり一体化して作ろうとしますが、その機能を分解していくと、**あえて分離したほうが複雑にならず廉価にできる**ことがあります。

また逆に、現構造の**別部品を統合する**ことでサイズも小型化・軽量化が図れ、結果的にコストが下がる場合もあります。

初期段階では柔軟にどのような形、構造が適切か、また将来の商品化においては、どのような構成にしておくことが柔軟で汎用性があるかなど、よく考えておくことが大切です。

③将来の絵姿を見せる

モノを作る側から見れば、まったく新しい部品を作る場合、本当にどれだけ売れるのかわからないため、設備投資もできる限り抑えようとします。しかし、極めて少量の生産では手作りに近く、部品価格は大幅高となってしまいます。

そこで部品を作る部署に将来の夢やビジョンを話し、一緒に歩んでいこうと熱意を見せることで、相手も積極さが増すことがあります。

プロジェクトの責任者には、関連する多くの人達にぜひともプロジェクトの情熱を伝えてもらいたいと思います。多くの知恵が生まれ、結果的にコストも下がっていくのではないでしょうか。

■事業性の成立を考え、承認を得る

キックオフミーティングの前にも、「事業性を探る」ことをお伝えしました。今回は実行段階なので、「目標コスト達成活動」を通して得た結果を基に、本格的な事業性の成立検討が始まります。プロジェクト責任者の重要な事項であり、現実にはこの事業性の成立に頭を悩ませている人も多いと思います。

まったくの新商品開発の場合、［コンセプト］→［デザイン］→［設計］→［試験］→［生産］→［販売］と時間を要することから、頭の中で全体収益をどのようにして形作るかがカギになります。というのは、［コンセプト］や［デザイン］、［設計］、［試験］、［生産］の間では、何ら収益を生むことはありません。この間、どれだけ投資を行ない、販売を開始してからどれくらいの期間で回収して、累計としてどれだけ収益を生むのか、イメージを作ることが大切になるのです。

そこで、いわゆる**キャッシュフローで収益計画を考える**必要があります。

この収益計画に大きく影響を及ぼすのが、前述の資材費とともに、販売価格や販売台数です。

図5-2 キャッシュフロー収益性（例）

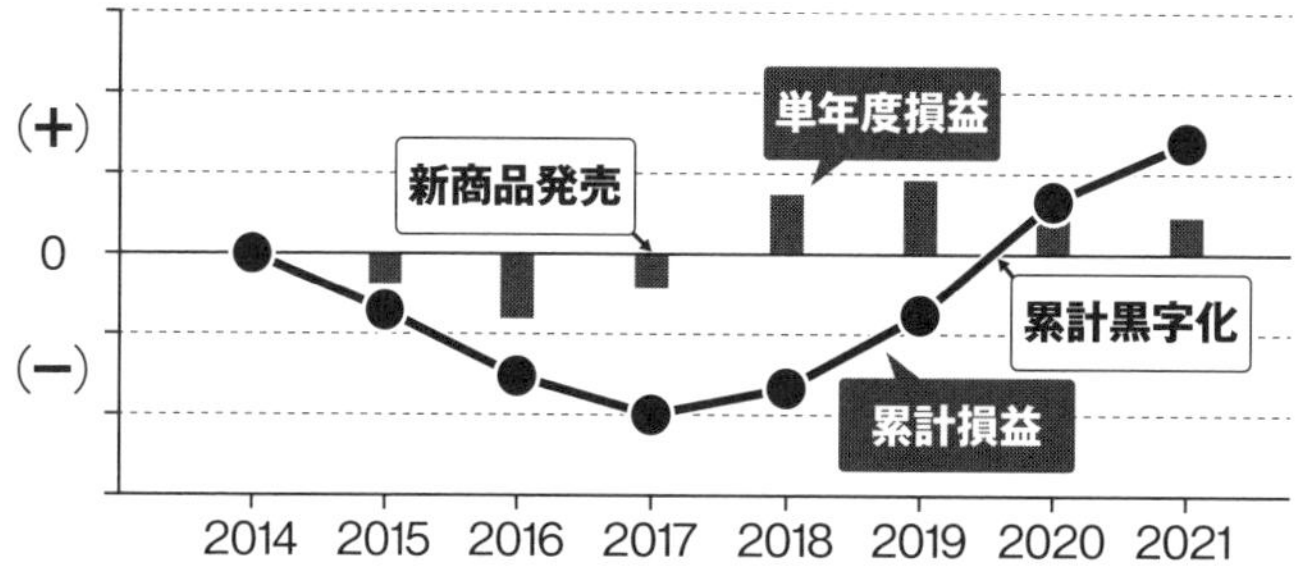

発売時期：2017年

販売価格を高く設定できれば、１台当たりの利益は増えますが、逆に販売台数はそれほど期待できません。しかし販売価格を下げると、１台当たりの利益も減少し、かつキャッシュフローで言えば、台数増加による設備投資も増加します。

商品の価格帯が固まる中で、販売台数はどれくらい上下するのか、**上振れ、下振れを考えながら、投下資本に対するリターンの動きを把握していく**必要があります。

図５-２はひとつの例として開発商品の収益性を想定してみたものです。２０１４年から開発に着手して、発売目標年は２０１７年としています。

発売まではデザイン、設計、試験、さらには量産金型の製作など費用ばかりが発生します。２０１７年の発売直後は利益は出ませんが、販売が拡大するにつれ、単年度当たりの利益が出るようになります。累計では２０１９年後半から黒字化することが予想されます。

これはひとつの例ですが、プロジェクト責任者はこうした**収益性のイメージを常に考えておく**必要があるのではないでしょうか。

量産プロジェクトの承認については、企業により方法はまちまちですが、多くはキャッシュフローによる収益計画を吟味し、**所定の売上高営業利益率を上げることができるか否か**で、量産についての承認を行なうことが多いようです。

総務省では２０１３年10月、「経済センサスと経営指標を用いた産業間比較」を公表していますが、それによれば製造業の売上高営業利益率は４・４％です。

理想を言えば製造業でも10％、少なくとも５％が合否のハードルとなっているのではないでしょうか。

■マイルストーンごとの承認をスムーズに

プロジェクト進行の各プロセスにおいて、ステージゲート方式が採用されているのであれば、各

図5-3 各業界の売上高営業利益率

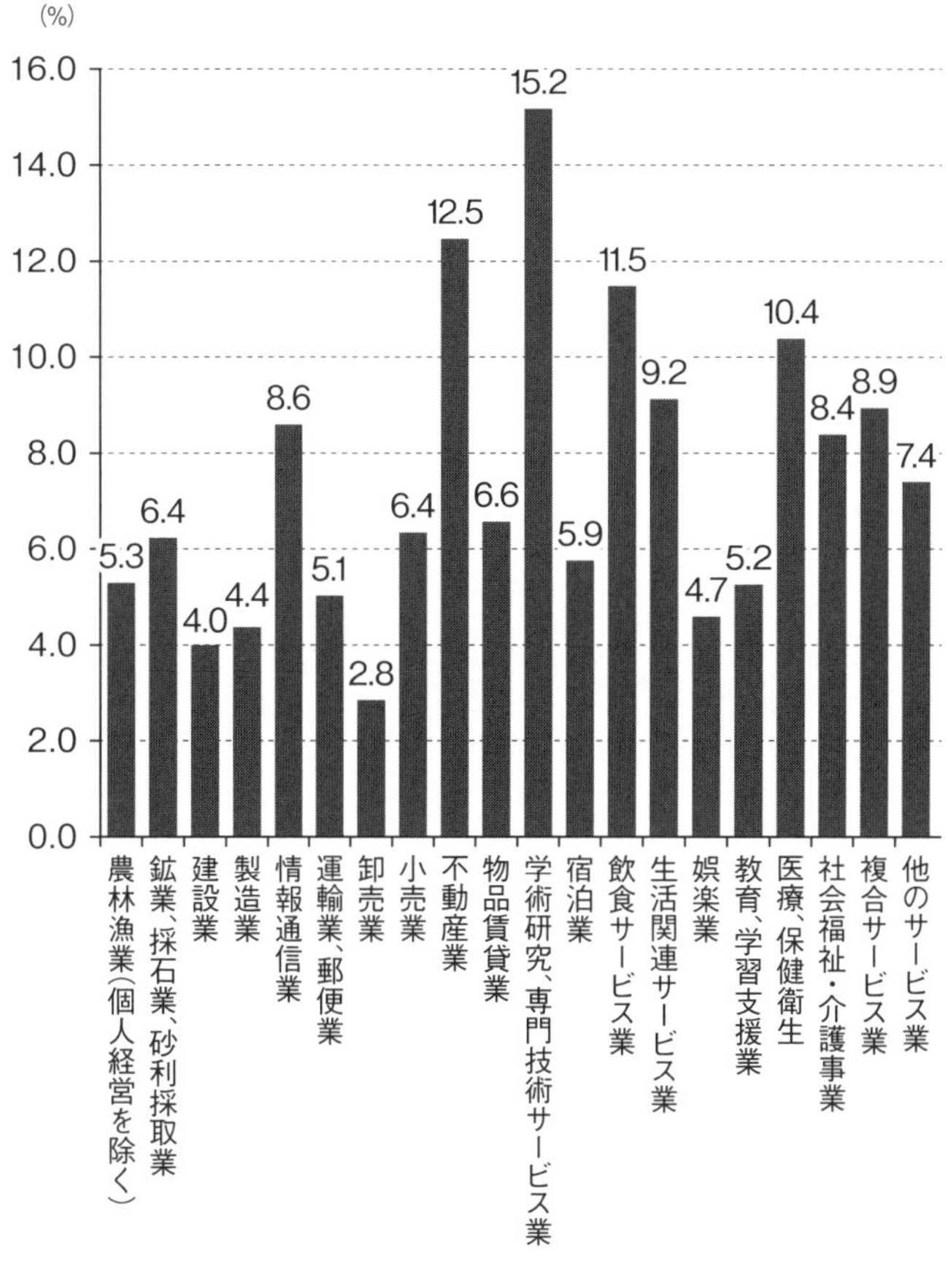

(総務省:「経済センサスと経営指標を用いた産業間比較」2013年10月16日より)

マイルストーンごとにゲート通過の承認を得ることが必要となります。

ステージゲート方式については3章で説明していますが、実務ではいかにスムーズにゲートを通過できるかがプロジェクト推進のカギになります。そのために、事前に各分野がどこまで進んでいるか進捗状況を把握し、とくにレッド（不通過）になりそうな箇所については、責任者が介入しなければなりません。

放っておくと、ゲートの直前になってどうにもならない状態に陥ることがあります。とにかく、プロジェクト責任者は足で情報を集め、危なそうな箇所を察知して「プロアクティブ」に手を打つことが求められます。

ポイント

3

チームを鼓舞する

■プロジェクトが行き詰まったときの解決法

プロジェクトが動き始めると、想定外のことが起き、当初思っていたことがまったくうまくいかなくなることがあります。

このようなとき、どのような考え方でプロジェクトの進行を図ればいいのでしょうか。私は次の4つのステップを念頭に置きながら、ブレークスルーを期待してメンバーの協力を要請するのがいいと思います。

①組織、プロジェクトとして到達すべき目標(開発目標)を明らかにする

②なぜそれを達成しなければならないのか、意義について理解を深める

③実際に実行する担当者の具体的目標を明らかにする

④最後は個人の力量でブレイクスルーを期待する

また次のように、個人の力量に期待するだけでなく、プロジェクト責任者としてもう少し大きな視野で取り組むことも必要です。

◎外部の力を活用する

自社内の技術力では打開できない問題もあります。そのような問題に対しては、外部の企業や研究機関と共同でプロジェクトを進めることの是非を検討しましょう。つまり、担当責任者や担当者では解決できないことに着目して、代案を検討することも責任者の仕事です。

◎社内タスクフォースチームを設立する

非常にややこしく、かつハードルが高い問題が勃発したときには、その問題に対して「タスクフォースチーム」を作ることが有効です。

課題解決に必要なメンバーを、プロジェクトメンバーや他部門からでも時限立法的に募り、緊急対応のプロジェクトチームを発足するのです。プロジェクトの責任者がこのチームに深く関与することで、焦点の絞り込まれた活動になります。

不思議なことですが、このようなタスクフォースチームを設立すると、メンバーの意識が高揚し、会議の場だけでなく、家に帰ったときや何かスポーツをやっているときでも、頭の片隅に問題意識が残っていて、「こんなアイデアはどうだろうか」「ひょっとしたら、あれを使うとうまくいくかもしれない」など、従来にはなかったアイデアが浮かぶ場合があるのです。
いわゆる「無意識の中の意識」かもしれません。奇想天外なアイデアはこのようなところから生まれてくることもあります。

■すぐに出す結論、出さない結論

プロジェクトの実行段階ではいろいろな分岐点、つまり隘路が現われ、すぐにどちらを選択するか判断しなければならない場面が増えます。プロジェクトの責任者にとっては、「判断」することが仕事となり、**正解か正解でないかという問題ではなく、何かに決めないと前に進まないという局面も出てきます。**

たとえば「新商品の寸法」については、どこかで最終サイズを決定しなければ、詳細設計に進めません。いつまでも○○㎜±10㎜などと言っていたら、多くの人が困ってしまいます。ユーザーや関係部門の利害得失を熟考し、商品としてどうするのが適切か、自らの責任において判断するしかありません。

しかし、プロジェクト責任者が素早く判断することも大切ですが、案件によっては「その場で判断しない」ことがよいこともあります。

たとえば以下のようなときは素早く判断すべきでしょうか。それとも結論を待つべきでしょうか。

・開発目標に対して90％のところまで到達したが、「これが限界だから、目標を引き下げてくれ」と担当者は言っている

・小型・軽量化を図り、目標に対してまだ20％上回っているが、担当者は、「これで進めさせてほしい」と言っている

・部品のレイアウトが計画されたサイズに収まらないので、「外形サイズを5％拡大してほしい」と言っている

・部品の品質保証年数の要求事項は10年であるが、メーカーは、「3年が限界である」と言う

いずれも目標を達成できそうにないので、「目標を下げてもらえないか」、もしくは「外寸などを変更してもらえないか」という打診です。確かに担当者は日頃から努力しており、目標到達はかなり厳しい、いや限界かもしれないと思えるかもしれません。

しかし、プロジェクトの責任者として、自ら掲げている目標をどうしてもクリアしたいのであれば、「この場では判断しない」「目標は変えないので、各自でどうやったら到達できるか、できる限りの知恵を出してもらいたい」と説明し、要請する必要があることもあります。

プロジェクトとして**「簡単には目標を下ろさない」という強い意志が、技術のブレイクスルー**

を目指して突進していく力になることもあります。

また、もう少し調べればどちらがいいのか判断材料が出そうな予感がしたときなどは、あえて、「今日は判断しない。もう少し調べて利害得失をより明らかにしてほしい」と待ったをかけることで、判断レベルが50%から70~80%に上がる場合もあります。

プロジェクト責任者は、すでにプロジェクトの日程が確定していることから、どこかで判断をしていかなくてはなりませんが、急いで結論を出すケースと、あえて結論を出さないケースを、状況を見ながら使い分けることも大事な務めです。

■マルチ・ディシプリン的対応を!

プロジェクト責任者の大切な仕事のひとつに、**自らの考えやプロジェクトの進め方をメンバーや現場の人達に正確に伝える**ことがあります。それも、社内のみならず、協力してもらっている部品を作るサプライヤーの人達、そして一緒にコラボレーションを行なう企業の人達など多岐に及びます。

ここで気をつけなければならないのは、たとえば製造であれば、その部門の独特の表現や言葉(ある意味「方言」とも言えますが)があります。これを理解し喋ることができないと意思疎通がうまくいきません。

さらに現場となると、職制よりも経験豊かなベテランがおり、このような人達の理解・支持が得られないとプロジェクトが実際にうまく前に進みません。

とにかくプロジェクト責任者は、各分野の現場に頻繁に出向き、各部門の言葉を使い分けながら喋り、自分達のやろうとしていることに理解を得、協力してもらうように働きかける必要があるのです。

ドラッカーは、「大工と話すときは、大工の言葉を使え」とソクラテスの言葉を引用し、「コミュニケーションは受け手の言葉を使わなければ成立しない。受け手の経験に基づいた言葉を使わなければならない」と説きました。これは現代でもまったく同じです。

このように、多様な領域（ディシプリン）間の意見を聞いて理解し、それを全体として調整しながらものごとを進める能力のことを、**「マルチ・ディシプリン」**と呼びます。プロジェクトの責任者にはまさにこのような能力が求められているのです。

（マルチ・ディシプリンと言えば、最近では大学でも、単なる専門科目ではなく、たとえば①国際政治・経済、②文化・社会、③情報・環境工学等を中心にカリキュラムを構成し、主たる専門分野を中心にしながらも、幅広く学べるようなところも現われてきています。まさにT字型の人間形成教育となっているようです。）

■プロジェクトの進路と立ち位置を見えるようにする

今までにない商品を開発しようとするとき、気をつけなければならないことが出てきます。それは、実行場面に入ってくると、いろいろな要因から進路を右に向けたり左に向けたり、あるときは斜めに進むなど、他の関係する部署から見ると、プロジェクトは一体何をしているんだろうと思われる場面が出てくることです。

こうしたときプロジェクトを預かる人は、その理由を明らかにしたくても、いろいろな事情により明らかにできない場合もあります。しかしそのような中でも、「なぜその方向に行くのか」、また「自分達は航路のどの地点にいて、今後どれくらいのスピードで進まなければならないか」など、**進路と立ち位置を明らかにすること**は極めて重要です。

なぜなら、プロジェクト周辺の人達は、設計、試験、製造、品質、営業も含めてプロジェクトの動向を見守っており、**プロジェクトの考えを理解して始めて、各部門のメンバーに指示を正確に出すことができる**からです。

実際、私も電気自動車の開発初期では、関係メンバーからこのような指摘を受けました。

「今プロジェクトはどこを走っていて、何が問題で、どうしようとしているのかわからない」

と。

他の人に聞いてみても、複数の人が同じような意見を持っていたことから、ふと我に返ったものです。「自分や自分の周囲の人達はわかっていても、プロジェクトに関係するすべての人がわかってくれているわけではない」。

このようなことから、関係者への対策として毎週月曜日の朝一番に、「Progress Report（進捗状況報告書）」と称して、先週1週間に起こったプロジェクトの概要や、プロジェクトを預かる責任者として思っていることを、パワーポイント4～5枚にまとめて**プロジェクト関連部門の責任者宛てに配信する**ことにしました。

このような情報開示に、「秘匿事項が漏れるのでは」と懸念する人もいましたが、内容に細心の注意を払いつつ、できる限り最新の情報や今後の動きを共有することで、現在のプロジェクトの立ち位置や進むべき方向性を関係者に明確にするように心掛けたものです。

プロジェクトが落ち着くまでの約2年半以上続けましたが、このレポートは多くの人達から支持をいただきました。こうしたプロジェクト報告があまり前例がなかったことも、評判がよかった原因ではなかったかと思います。

もし、プロジェクトの実行中に、「今プロジェクトがどう動いているのかわからない。立ち位置がわからない」といった声が聞こえたら、どのようにして関係メンバーに伝えるかを考えてみてください。こうした方法以外にも、いろいろな手段があると思います。

■マイルストーン完了ごとに盛大なお祝いを!

プロジェクトは、「まるで生き物のようだ」と思ったことはないでしょうか。私は何度も思ったことがあります。

直接のプロジェクト進行とは関係ないかもしれませんが、ここでとても重要なこととして、「マイルストーン完了ごとに盛大なお祝いをする」ことを挙げたいと思います。

プロジェクトを率いる人の中には、そのようなイベントは一切する必要はなく、淡々とプロジェクトを進めればいいと言う人もいるでしょうが、私はあまり賛同しません。

困難なプロジェクトであればあるほど、**たとえ小さなステップでも、それを達成したときの感激はひとしお**であり、これを盛大にお祝いすることは、次に向かっていく推進力になります。

そのときどき、たとえば、「試作が完成したとき」「ゲートをひとつ通過したとき」などのタイミングを捉えて、記念のパーティを行なってはどうでしょうか。

別に立派なホテルでなくても、社外もしくは社内での立食形式でのパーティでもかまいません。料理ではなく、メンバー間の話題がメインディッシュとなります。プロジェクトのメンバーが一堂に集まり、スポンサーのスピーチ、各部門を代表する人達のコメント、あるいは問題提起などをしてもらうと、大受けすることは間違いありません。

この場を通じて、プロジェクト責任者の考え方や現状を取り巻く状況などを知らせることもでき、前述のプロジェクトの進路と立ち位置をメンバーの間で再確認することができます。

また普段は職制上異なる部門の人達が集まることで、スポンサーと言われる役員クラスから、一般の担当者まで自由に意見を交わすことができます。こうした催しでプロジェクトに対する愛着と親近感がわき、何か問題が生じても説明が容易になり、お互いに気安く声を掛けることができるようになります。


私が関わってきた電気自動車の例をひとつ紹介したいと思います。

最初の打ち上げ会のとき、今まで応援していただいていた役員の都合が急遽悪くなって出席できなくなり、出張先からＦＡＸで手書きの文章をもらったことがあります。

当時、ＥＶの開発がうまくいかず、人寄せパンダだと揶揄されていたこともあり、とても印象深かったものです。

それは以下のような主旨でした。

「新世代電気自動車（MiEV）はパンダだ、人寄せパンダに徹するべきだと言われています。そういう役目もありますが、たとえパンダと言われようと、ぬいぐるみのパンダはすぐにバレて人寄せにもなりません。皆さんの役目は、まずはMiEVを本物のパンダにすること。そしてその次に本物のパンダをたくさん作って、世の中を明るくすることです。

そして10年後には、皆さんの開発したEVが日本のデファクトスタンダードになるようにしてほしい。今夜を10年後に振り返ったときに、日本のEVの夜明けを告げるため、我々が決起した記念日と言われるように必ずEVをモノにしてください。

今日は参加できずにゴメン！」

このコメントに一同大いに奮起したものです。

ポイント4

リカバリー案を考え、実行する

■大幅変更のときはもう一度メンバーに周知徹底を！

実際にプロジェクトを運営し始めると、本当にいろいろな問題が起きます。小さなものであれば自分達で解決できますが、大きな問題になるのはコンセプトの基本方針に立ち戻る場合や、社外コラボレーションを行なっている企業間のトラブルです。

そして、いろいろ検討した結果、どうしても商品の開発目標を変更せざるを得ない場面も出てきます。もしそれが大きな変更となる場合は、上層部に報告して判断を仰ぐとともに、できれば課題を整理したうえで、「第二のキックオフミーティング」とも言うべき、**再度の大がかりな説明会を開催する**ことをおすすめします。

と言うのは、限定された変更であれば、プロジェクトの定例会や資料の配布によってその内容を知らせることができますが、大規模変更、大幅遅延となると、「どうしてそのような経緯になったのか」「今後どうするのか」「それに伴う損害はどうするのか」など、各部門で多くの懸念が生じかねません。

こうしたことはとても文書の配布だけですまされるものではなく、全体会議を開催して、プロジェクト責任者から直接、**これまでの経緯や今後の開発目標、品質目標、開発スケジュールなどを包括的に伝える**必要が出てきます。

さらに、スポンサーである上層部にも説明会に参加してもらい、トップも含めた上層部も本件について了承している旨の発言をしてもらうことが望ましいでしょう。そうすることでメンバーは落ち着きを取り戻し、きちんとした説明により関係者の腑に落ちることで、大幅変更であったとしても、再度気を取り直してプロジェクトを進めることが可能になります。

プロジェクトを預かる責任者にとっては集中砲火を受ける日になるかもしれませんが、現状をきちんと説明して、皆の協力を得ることで信頼を回復できると思います。

■困難なときほど自信のある態度を

もうひとつ、プロジェクトの進行中に注意すべき点があります。それは、どんなに厳しい状況に陥っていても、いつも元気な顔をして颯爽と歩き、疲れた姿を見せないということです。「俺はむずかしい仕事をしているんだ」と暗い顔をして、うつむき加減に歩く責任者がいますが、そうした態度にはプロジェクトがうまくいっていないことが見えてしまいます。

また、下を向いて歩いていると、新しいことにチャレンジしようという覇気が感じられません。「プロジェクトに息吹を吹き込む」のはプロジェクト責任者の役割であり、周囲はプロジェクトがうまくいっているか否かを、**責任者の顔色や姿勢で判断している**のです。

塩野七生さんは、『ローマ人の物語』で、ローマ軍とガリア民族との戦いの中でもっとも激しい戦闘であったアレシア攻防戦の中でのカエサルの姿を、

「ユリウス・カエサルは紅の大マントをなびかせ、敵の注意を引く危険性はあっても、あえて味方の兵士がどこからでも姿を見える場所にて指揮をした。それによって軍団が奮起し、ガリア民族からの猛攻に持ちこたえた」

と記しています。

同様のことは会議に席でも起こります。むずかしい問題、トラブルに対して厳しい質問が出たとき、参加者は一斉にプロジェクト責任者の顔を見ます。

そんなときにはぜひとも、胸を張って**「自分達のプロジェクトは大丈夫である」**と説明し、自信のある態度で振る舞うように心掛けてください（その裏で、必死にリカバリー戦略を練り、実行に移さなければならないことは言うまでもありません）。

6章

プロジェクトを試す（第4フェーズ）

2つのポイントがカギ

プロジェクト進行のプロセス⑥

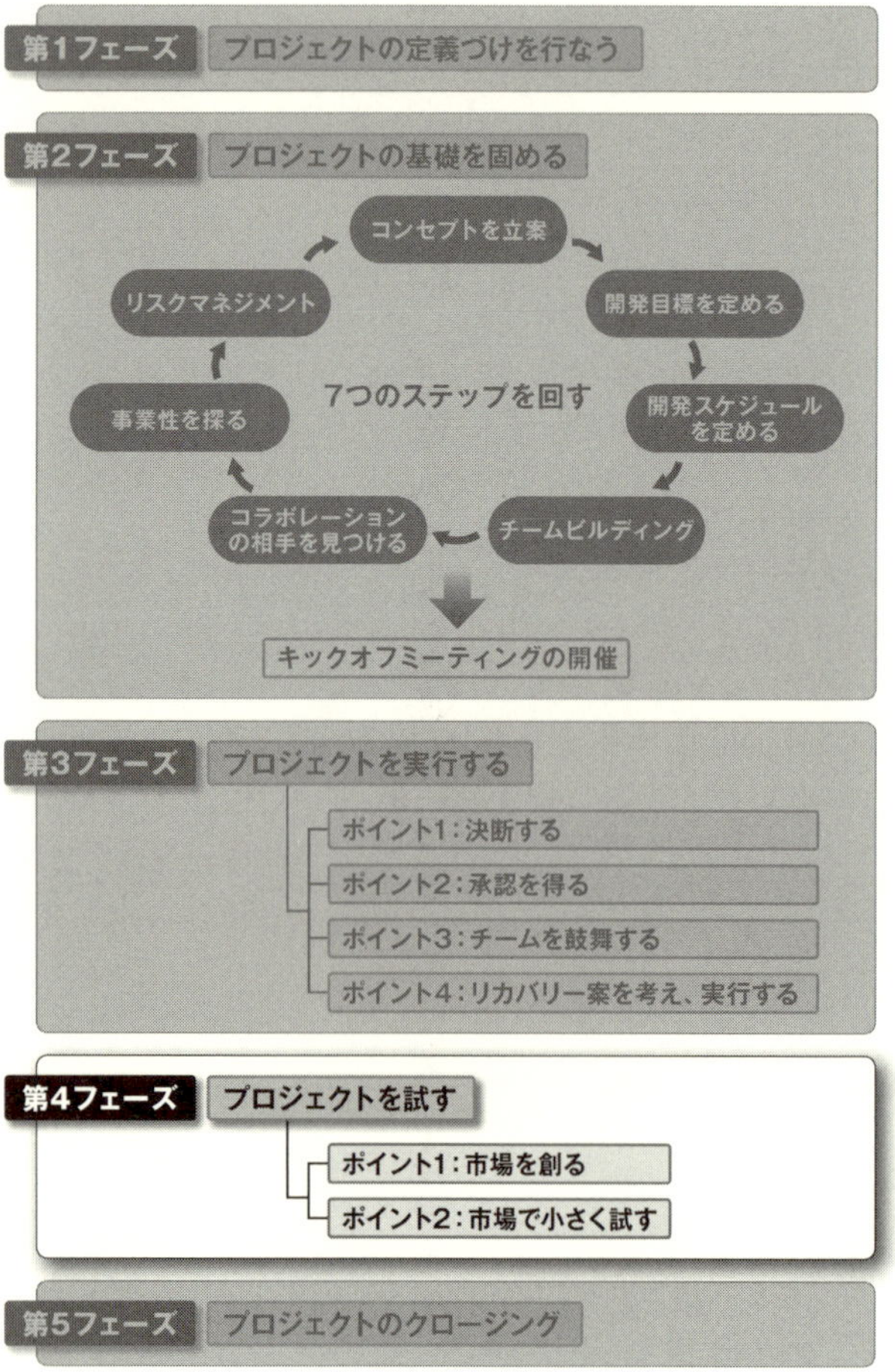
第1フェーズ
プロジェクトの定義づけを行なう
第2フェーズ
プロジェクトの基礎を固める
コンセプトを立案
開発目標を定める
開発スケジュールを定める
チームビルディング
コラボレーションの相手を見つける
事業性を探る
リスクマネジメント
7つのステップを回す
キックオフミーティングの開催
第3フェーズ
プロジェクトを実行する
ポイント1：決断する
ポイント2：承認を得る
ポイント3：チームを鼓舞する
ポイント4：リカバリー案を考え、実行する
第4フェーズ
プロジェクトを試す
ポイント1：市場を創る
ポイント2：市場で小さく試す
第5フェーズ
プロジェクトのクロージング

ポイント 1

市場を創る

プロジェクトも終盤になってくると、新商品の開発のみならず、それをどのように広めていくか、またその商品が本当に市場に受け入れられるのか、「試す」ことが必要となります。この段階は、まったく新しい商品であればあるほど重要になります。

なぜなら今までなかった商品なので、一般のお客様にとって「どのような商品なのか」「どのようにして使っていくのか」という理解がないため、PRしながら商品を広めていかないと、世の中に存在すら認めてもらえません。

そこで**「マーケットを創造する」という姿勢で、開発した商品を一般に知らせる**ことに取り組む必要があります。

■「市場を創る」ことはプロジェクト責任者の仕事

「市場を創る」と聞いて、それはマーケティング担当や営業担当の仕事ではないのかと思う人もいると思います。

図6-1　量産品開発のステップ

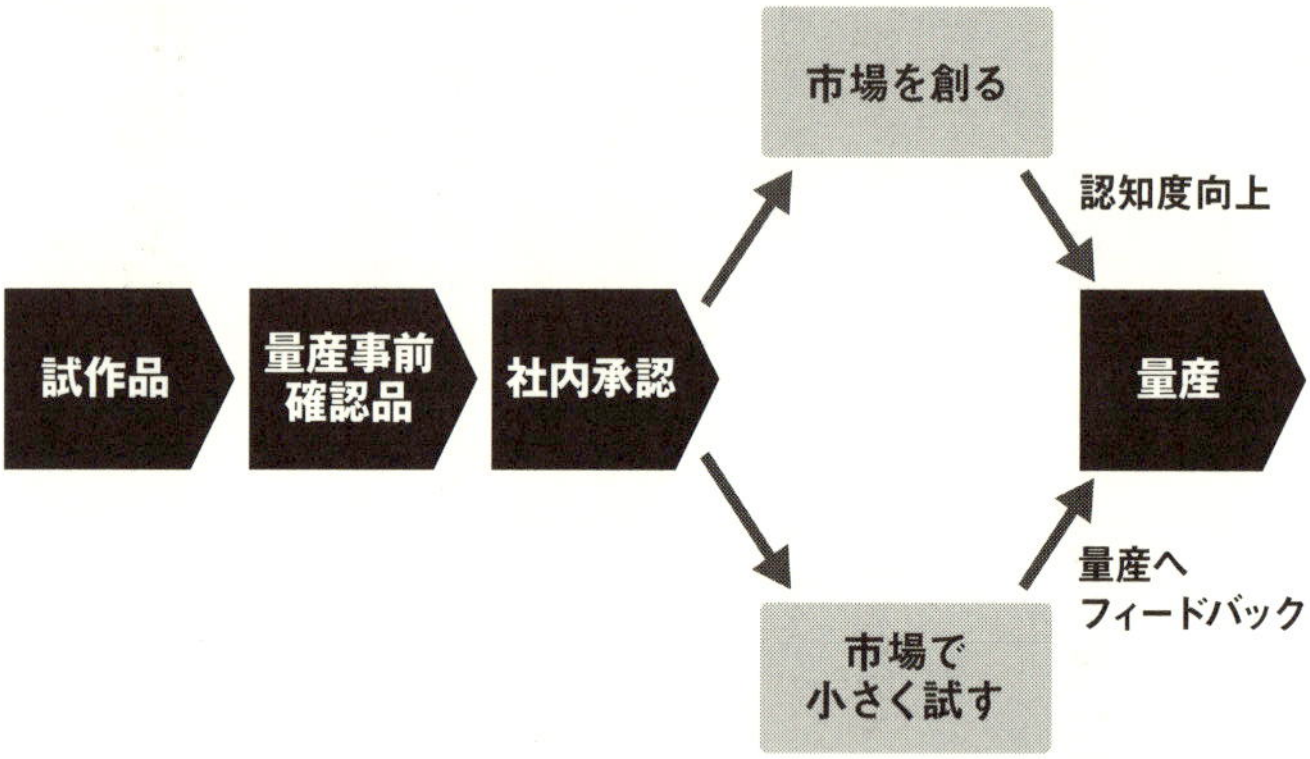

　しかし私は、新しい商品であればあるほど、最初の段階ではどうしてもプロジェクトの責任者が先頭に立って、「市場を創る」という活動が必須だと考えています。

　では、「市場を創る」ためにはどのようなステップを踏めばいいのでしょうか。

①市場での評価に耐えられるモノを作らなければならないことは、言うまでもありません。

　そこでまず試作品を改良し、量産品までとはいかなくても、その前段階としてかなり完成度の高い商品（量産事前確認品）を作ります。そのままでは外部に出せないので、社内で外部に出してもいいかどうか承認を得ることが必要となります。

②プロジェクトの開発責任者が、社内でどのよ

うな反応があるか、量産事前確認品をPRします。
③その結果を受けて、いよいよ社外のユーザーとなる候補者や、将来サポートしてもらえそうな人達に、プロジェクト責任者が「実体験」を伴うPRを行ないます。

なぜここでプロジェクトの責任者が説明しなければならないかと言えば、商品の根本の根本までわかっているのはプロジェクトの責任者であり、またその段階でいたらないところをわかっているのもプロジェクトの責任者だからです。

そのため、ユーザーとなる人達に説明して、「実体験」として使用してもらい、数多くの質問を受けるとともに、ユーザーが商品に期待していること、第一印象でどう感じたのかを捉えることが大切になります。
④少人数の「実体験」でうまくいきそうであれば、社内でレクチャーできる人を養成し、セミナー講師のように、多くの部門（営業、品質、生産技術、製造等）でPRできる体制を作ります。
⑤社外においても同様に数多く説明を行ない、新しい商品への理解を得るためにアクションを起こします。

この段階になると、最初はプロジェクトの少数のメンバーだけで巨大な石を押しているようだったのが、しだいに仲間が増え、数十人～数百人の多くの人が巨大な石を動かしているようなムーブメントとなります。

図6-2　プロジェクトは巨大な石を動かすムーブメント

プロジェクトメンバーが石を押し始め、やがて多くの人がそのムーブメントに参加する。石が坂を転がり始めれば、プロジェクトの役割は他の人に引き継がれる

⑥巨大な石は最初はピクリとも動きませんが、グラグラし始めて坂を転がり出したら、プロジェクトの役割は終わりとなり、マーケティングや営業、広報などの人々に手渡していきます。

⑦最後にマニュアルを作り、同じことをいろいろな地域で実施するように働きかけます。

何事も最初の一歩を動かすのがたいへんであり、もっとも負荷がかかるところです。この最初の一歩は、プロジェクト責任者の熱い気持ちなしには踏み出すことができないものです。

なお、ここで、なぜユーザーとなるお客様に「実体験」をしてもらうことにこだわるのかと言えば、新しい商品は紙やプレゼンだけの説明ではわかってもらえないからです。

一見わかったつもりになっても、もし友人が否定的な意見を言ってきたら、聞きかじりの耳学問ではなかなか反論できません。ところが、もし実体験があれば、相手がどのような意見を言ってきても、「いやいや、昔はそうだったのかもしれないけれど、今回の新商品は使ってみたところぜんぜん違っていて、本当にすごいよ！」と堂々と反論することができるのです。

友人はそれに対して実体験がないことから、それ以上言い返せません。

こうした反応は、私の関わった電気自動車の開発でもまったく同じでした。

前にも書きましたが、過去の電気自動車で痛い目に遭い、トラウマとなったお客様に対しては、どれほど口頭で説明しても納得してもらえませんでした。

そのため時間を取っていただき、実際に試乗してもらうことで、「今回は昔の電気自動車とは違う。これは異次元のクルマだ」と多くの人から再評価してもらうことができました。

不思議なもので、人間は自分の手や足の感覚で覚えたものは忘れないし、五感として残っているから説明も堂々とすることができるようです。そこで負の遺産があればあるほど、新たな体験を五感に訴える必要があるのです。

■市場の流れを作る

よい商品を開発し、いくらPRの努力をしても、誰にも見向きもされない場合があります。一方、ちょっとPRをしただけですぐにメディアに紹介され、あれよあれよという間に時代の寵児のように扱われることもあります。

何が違うのでしょうか。私は、よく「時代の波に乗った」と言われることがありますが、本当に波に乗ったのではないかと思います。

世の中には、新しい技術や流行、トレンドが将来どのような方向に向かうのか、先々を予想できる人がいます。まさに「風を読む人」であり、風を読む多彩な情報源を持っているのかもしれません。

そのようなトレンドのキーパーソンに対して、自分の商品や考えを届けることによって、いろいろなところから五月雨式に声が上がってくることも多いのではないでしょうか。自分達ではなかなか「風」を起こすことはできませんが、「風を起こす可能性」のあるキーパーソンと頻繁に接触することで、いい結果に繋がるように思います。

風を起こす可能性のある人に、風のもとを送り届けること。そのようなキーパーソン、そしてメディア（TV、新聞、雑誌、ウェブ等々）にも送り届けることで、しだいに風が吹き始め、結果として風向きが変わって、「時代の風」が自分達のほうに向かって吹いてくるかもしれません。

商品を多くの人に知ってもらうためにはどうしたらいいか、的確に判断し、できるだけの手を尽くさなくてはなりません。

私の関わった電気自動車の例で言えば、発売するまでにテストコースやクローズドの道路などで、延べ3万人を超える人達に試乗してもらいました。当時は、「試乗で市場を創っている」と言っていたものです。

■直接のユーザーでないところにも気を配る

「将来ユーザーとなる人に訴えかける」「風を作り出すキーパーソンに訴えかける」「メディアに露出する」。そうしたことも重要ですが、それ以外に会社の経営幹部に働きかけて、**財務上の重要な企業、役員などに働きかける**ことも大切です。

具体的には銀行関係、証券関係、ファンド関係などのマーケット関係者です。彼らも常にどの企業がどのような技術や新商品を開発し、それが企業業績にどのようなインパクトを与えるのかをウォッチしています。

彼らは商品の人気が一過性のものか永続的か、単発で終わるのか、それとも周辺に大きな影響を与えるのか等々、「新しい商品が世の中にどのような影響を及ぼすか」を推し量ろうとします。そのため、会社の経営幹部を通して、これらステークホルダー（利害関係者）に理解してもらうことは、マーケットへのインパクトだけでなく、**自社の格付け、将来見通しなど、有形無形の影響が出てくる**ことになります。

プロジェクト責任者はそこまでやらなければいけないのか、と思うかもしれませんが、こうした相手にとっても、「商品を開発したプロジェクトの責任者がどのような人間で、商品の販売にどのくらいの意気込みがあり、その人の言っていることは信用できるのか」といったことは、商品の将来性を考え、判断していく重要なファクターになります。

そうした意味で、**プロジェクト責任者が商品について直接答える**ことは重要です。これが2回目、3回目になれば、社内の他の人に代行してもらうことも可能でしょう。

■市場での認知度を知るには

商品PRのためにいろいろなところで、いろいろな手を打っても、本当にそれが効果があるのかわからないことは多いものです。では、PRがどこまで浸透しているかはどうすれば測定できるのでしょうか。

最近よく使われるのは、**「ウェブによる認知度調査」**です。

「商品そのものを知っているか」「実際に使いたいか」「使ったことはあるか」「価格はいくらくらいであれば購入したいか」など、対象となりそうなユーザーを定期的に調査することで、ある程度のユーザーの傾向はわかります。ただ、やはり実物を見ていない人がほとんどなので、イメージ先行の要素はあります。

しかし、それまで自分達の仕事に関心のなかった家族や親戚、隣近所の人から新商品のことを聞かれるようになると、これは間違いなくかなり浸透している証拠です。

私の関わった電気自動車も、NHKのニュースで取り上げられた途端、急激に知名度が上がり、プロジェクトに携わっている多くの人が、「周囲からそのことについて聞かれた」との報告がありました。

ポイント2

市場で小さく試す

■社内試験ではすべてはわからない

次に「市場で小さく試す」とはどういうことかについて紹介しましょう。

既存品の改良であれば、従来の社内試験基準で試験を行なうことで、ほぼ良否が判定できます。最近では類似の商品などは、実際に試験を実施しなくても、かなりの部分がＣＡＥ解析（構造解析）を行なうことで実際の試験と同等の結果が予測可能となり、試験に代用している例もあります。

ところが、新しい商品であれば、そうした試験では十分とは言えません。前述の「市場を創る」こととは別に、**商品の評価という観点から、「市場で小さく試す」ことが必要になる**のです。

この「小さく」というのがミソです。なぜなら、大規模にやろうとすれば、商品が量産品でないことから費用が莫大になったり、また商品を市場でコントロールすることがむずかしくなります。市場での流通を自分達でコントロールできる範囲に留め、万が一、不具合が生じた場合は、すぐさま回収・修理して再び市場に送り届けられる規模にするのが賢明です。

「市場で小さく試す」ことには次の3つの目的があります。

①社内の常識との乖離を知る

社内では、試験部門を中心に多くの商品を試験評価しており、関係者はその道のプロと言えます。また過去からの膨大なデータや経験が蓄積されており、ガイドラインとしてまとめられていることは企業の大きな財産です。

そうしたプロの目で見てしまうと、操作性などは当たり前のこととして評価を飛ばしてしまったり、普通の人が最初の段階で悩むことなどに気づきにくいことがあります。そこで社内常識という物差しだけで商品を見るのではなく、別の視線から見てもらうことで、これまで見えていなかったことが見えてくることがあります。

②地域性や業界による使用実態を知る

試験はR&D部門（Research and Development：研究開発部門）で集中的に行なうのが一般的です。

こうした試験で商品の性能のかなりのところまでは把握できますが、すべてがわかるかと言えばそうではありません。実際に商品が使用されるときの温度・湿度・高低差といった各地域の特性などを考慮する必要があります。

温度変化に対しては、クルマについて言えば、必要であれば実験炉だけでなく、北海道や沖縄、もしくは海外で試験することもあります。

さらには業界によって特異な使い方をされる場合もあります。たとえば業務用車では、トランクの収納部品に自社専用の大型工具箱を設置するなどの例です。そこで現場で実際に使ってもらい、使用実態を把握することで、どこまでは許容し、どこからは例外とするのか等を考える判断材料になります。

③価格や商品性に関するユーザーの反応を知る

新商品に対しては、開発段階からマーケティング活動を幾度も実施していたとしても、実際のモノを市場に出してのマーケティングは今回が最初となります。

その際、ユーザーとなる人達からの「価格に対する反応」、さらには「機能はこれで十分。いやむしろ、もっとシンプルなほうがよい」などの声は貴重な判断材料になります。想定どおりのこと、想定外の反応をこの段階で把握することは、量産に向けて商品をブラッシュアップするラストチャンスとなります。

図6-3 社内試験では商品のすべてはわからない

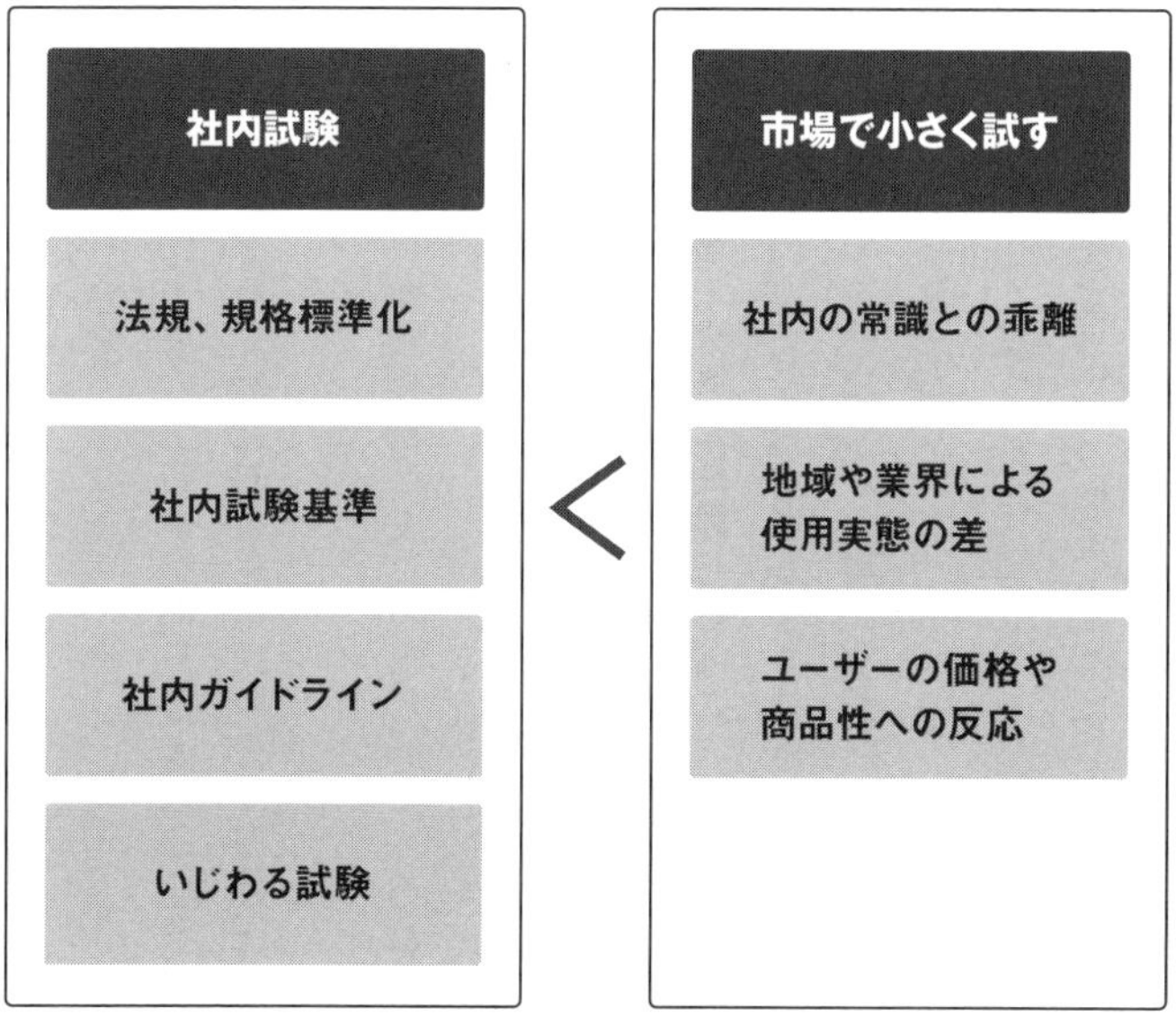

量産事前確認品を市場で試すのは
量産に向けて商品をブラッシュアップするラストチャンス

しかし、このように市場の生の声を聞くことはかなり勇気がいります。とくに試験部門や評価部門の人間からすると、批判的な意見は今まで自分達がしてきたことを否定されたように捉えがちです。

このため、一般の人から指摘を受けると、いろいろな理由を挙げて批判が当たっていないことを証明しようとします。「その人の個人的な意見だ」と範囲を絞ったり、「極めて例外的で日常では起こることはない」等々、自分達のやってきたことを弁護しようとします。

しかし、もし2～3人のユーザーから商品に対して不満や不都合な指摘があれば、その項目はほぼ100％、**市場で大きな問題になる**ことは間違いありません。

よくありがちなのは、ここでの**クレームを過小評価する**ことです。プロジェクトの責任者は胸襟を開いて、市場の声のほうが一般の実態に近いと考え、商品の改良に向けて設計や試験部門に働きかけていく必要があります。

■量産品へのフィードバック

問題は、「市場で小さく試す」段階になると、量産までにそれほど余裕がないことです。そこで、「見つかった懸念事項を商品に反映するとしたら、どれだけ関係部署に影響があるのか」「日程的に可能であるのか」を慎重に判断し、**できる限り量産品にフィードバックする**ことです。

ここは量産への最終段階での大きな山場となります。

■大規模に展開するならコラボレーションを!

自社だけではパワーが足りなければ、コラボレーション企業の力を借りて市場で試すことも可能です。これは自社だけで行なうものと、また違った意味合いを持ってきます。

と言うのは、コラボレーション企業は、その新商品を、自分達の中でどう捉えるかという視点から吟味しようとするからです。

新商品に対して、「自分達はどのようにしたら売上増加に貢献できるか」「既存のお客様に代替品としてすすめられるのか」「新たなユーザーを獲得できるか」等々、当事者である企業とは異なった視点で評価します。

結果として、普及のためのキーポイントが見つかることもあります。ただし、自社のみの展開と違って、他企業とのコラボレーションによる「お試し」を実施するのであれば、次のことは事前確認が必須となります。

①社内の承認

社外とのコラボレーションを実施する場合、気をつけなければならない点のひとつに社内の承認があります。

と言うのは、まだ量産販売前の段階ですから、品質的にも外観や見栄えの点でも今一歩という状態です。このような状態で、コラボレートする企業の人が操作したり評価するわけですから、どこまでの品質レベルで実施するのか、社内でよく審議し、承認を得ておくことが必要になります。

実は、これは簡単そうに見えてかなりむずかしいことです。と言うのは、量産品の品質は最終完成形として多くの人達の経験や知見を集めて基準を決めますが、その前段階としては一般的に基準が確定していないため、新たに基準を作らなければなりません。

その場合、出荷していいレベルとそうでないレベルの線引きがむずかしくなります。とくに自社だけでなく、他企業とのコラボレーションとなると、かなりのグレーゾーンが出てくることになるでしょう。ここは間違いなくプロジェクト責任者のリードが必要とされる場面です。

②コラボレーション企業との契約

もうひとつは、コラボレーション企業との契約問題です。

コラボレーション企業と言っても、これまで一緒に実証試験を行なってきたような企業であれば気心が知れているかもしれませんが、今回、実際に使ってもらい、販売に協力してもらう人達は地域や使用環境も異なる場合がほとんどです。そこで万が一の不測の事態に備えて、コラボレーションに関する契約をしっかりと事前に締結しておく必要があります。

一方、他企業とのコラボレーションには多くのメリットもあります。

実際に長期に使用・販売してもらうことで、短期ではわからない改善箇所が判明したり、業務として使うことで、さまざまなアイデアが出てくることがあります。

さらには、露出度合が一段と拡大し、多くの人達の目に触れることで、結果的に大きなＰＲ効果も期待できます。

7章

プロジェクトのクロージング

（第5フェーズ）

プロジェクト進行のプロセス⑦

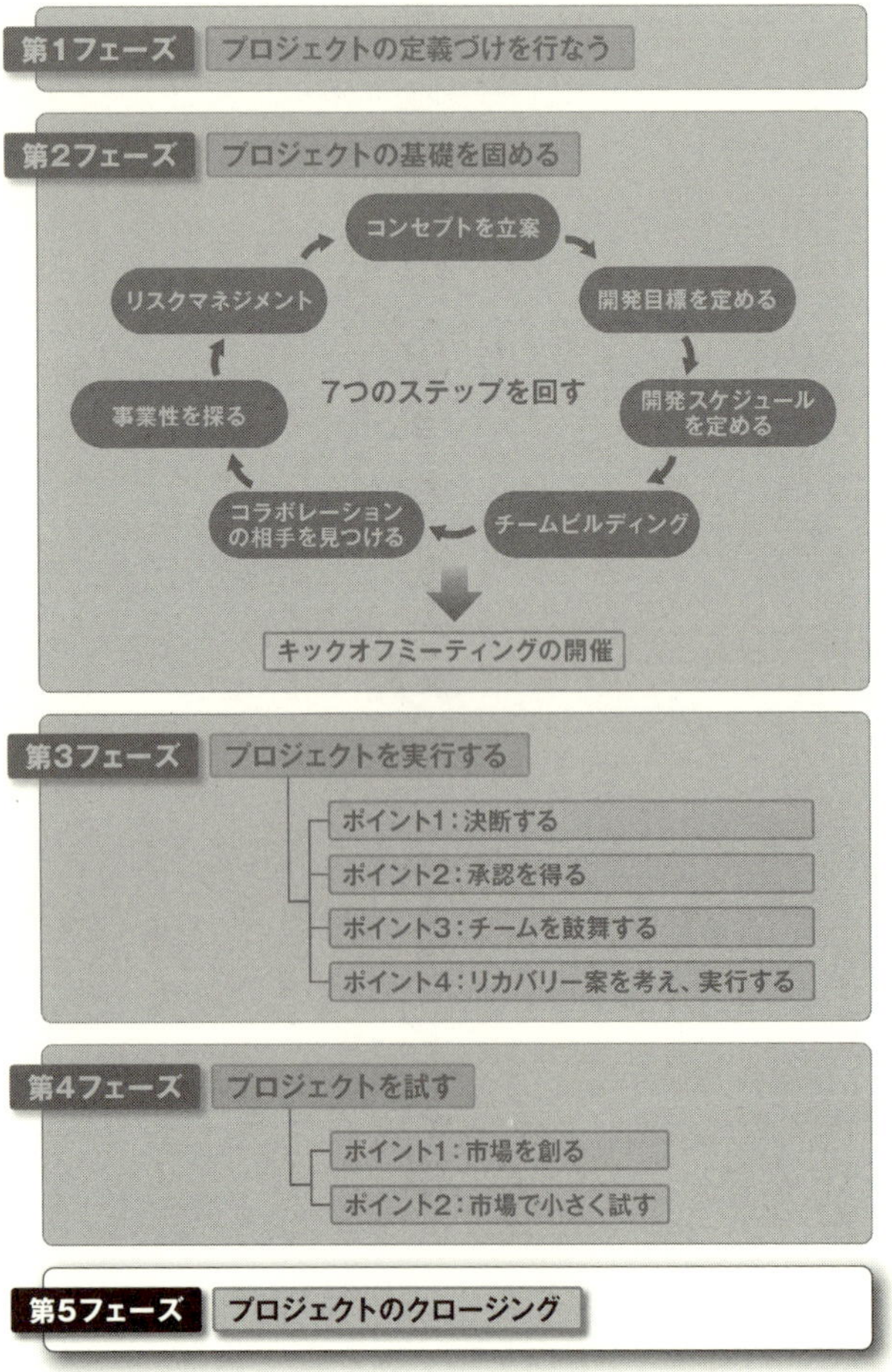
第1フェーズ
プロジェクトの定義づけを行なう
第2フェーズ
プロジェクトの基礎を固める
コンセプトを立案
開発目標を定める
開発スケジュールを定める
チームビルディング
コラボレーションの相手を見つける
事業性を探る
リスクマネジメント
7つのステップを回す
キックオフミーティングの開催
第3フェーズ
プロジェクトを実行する
ポイント1：決断する
ポイント2：承認を得る
ポイント3：チームを鼓舞する
ポイント4：リカバリー案を考え、実行する
第4フェーズ
プロジェクトを試す
ポイント1：市場を創る
ポイント2：市場で小さく試す
第5フェーズ
プロジェクトのクロージング

1 新商品を発表する

プロジェクトも最終段階にきました。いよいよ発表・発売に向けての段取りとなります。これまでのすべての作業はこの日のためと言っても過言ではありません。ではどのような心構えで新商品の発表・発売の舞台を進めればいいのでしょうか。

代表的な例を挙げながら、最終段階の進め方を紹介しましょう。

■イノベーティブな新商品の敵は既存の商品

新商品開発プロジェクトの最終段階が差し迫ってくると、いよいよ販売関係のメンバーに力が入ります。カタログ、パンフレットなども原案作成から仮刷り、本刷りなど、次第に完成度が高まっていきます。

ではこの段階で何に気をつければいいのでしょうか。

ここで注意すべき点として、**売り出し方の問題**があります。と言うのは、開発サイドで商品のコンセプトや開発のキーワード、スローガンを作成していますが、それがそのまま広告として掲載されるわけではありません。

たとえ仮に商品名が設定されていたとしても、幾度も商品会議を経る中で、商品名が変更され、当初とはまったく異なったネーミングになることも多々あります。しかし、それはマーケティングやセールスを担当する人間からすれば当たり前のことで、技術用語の無味乾燥なネーミングがそのまま市場で通用することはないのです。商品のキャッチフレーズにしても、開発のキーワードがユーザーの興味を引くわけがありません。

また、商品の価値を打ち出す際に重視しなければならないこととして、**既存の商品との違い**があります。ついつい新商品の特徴ばかりを説明しようとしがちですが、お客様は**現在のモノと見比べて新商品の価値を推し量る**のであり、その違いをわかりやすく説明しなければなりません。そうしないと、わけのわからない商品として消費者に見向きもされません。

ハーバード大学のブランスコム名誉教授は、新商品の置かれたこのような状況を、前述したように「ダーウィンの海」と呼び、

「新商品が市場において生き延びていくためには、既存の商品や競業企業との激しい生存競争、さらには新商品としての事業性や企業リスクに対して生き残りをかけた戦いをして勝ち残っていかなくてはならない」

と説いています。

■発表・発売の準備

新商品のプロジェクト責任者が最終段階で気を使うものに、「発表・発売」のイベントがあります。これは企業として大きなイベントであり、それなりのしっかりした準備が必要になります。たとえば、商品の準備、プレゼンテーション（動画を含む）、プレスリリース、カタログ、Q＆Aの準備等々です。

これらは広報が中心に準備を進めますが、プロジェクト責任者が表に立たないといけない場面も多々あります。とくに**商品コンセプトの説明**はその中でももっとも重要な箇所です。

このためイベントの登壇者は、リハーサルも含めて念入りな準備が必要になります。まさに2020年の東京オリンピック・パラリンピックの招致メンバーが行なったように、練習につぐ練習が当日の成功に繋がるのではないでしょうか。

「電気自動車」発表の席では、通常の商品の発表に比べてQ＆Aを充実させました。クルマに限らず初めての商品の場合、どう使うのか、どのような社会的意義があるのかなど、包括的な内容説明が多くなると判断したからです。

それ以外に、意外に時間を要するものに、「カタログ・パンフレット」などの作成があります。従来商品であれば、広報・営業を中心にそれほど注文をつけなくても、旧品よりどこが優れているかをアピールすることで自動的に進んでいきます。

ところが、まったく新しい商品の場合は、広報・営業担当者もどのように表現するのがいいのかわからないため、プロジェクト側である程度の内容がわかる雛型を準備する必要があるかもしれません。

まったく新しい商品では、カタログ・パンフレットの内容について、「何を記載すべきなのか」「商品の〝売り〟をどう表現するか」「お客様に注意していただかなければならない点はどこなのか」「専門用語を使い過ぎていないか」等々を確認し、お客様に最大限にアピールするためには、プロジェクト側だけでなく、企画、製造、品質、営業、広報などのメンバーが一緒になって作り上げていく作業が必要になるでしょう。

■ネーミングに注意

タイミング的には前後しますが、前述した商品のネーミングも重要です。消費者にとってインパクトがあり、ブランドイメージを訴求する、覚えてもらいやすいネーミングにすることが求められます。しかし、使用しようとしたネーミングがすでに商標登録されており、使用できない、もしくは商標権を購入しなければならない等の問題が生じることもあります。
iPad のブランド名が中国ですでにパテント取得されており、アップル社は長い訴訟の結果、

6000万ドルという多額の費用を支払って解決したことは有名です。

自動車メーカーでも、新車のネーミングについてはかなり早い段階から調査を始めますが、最終決定はかなり遅くなることが多いようです。

新車の開発中は社内開発コードという記号で呼ばれているので支障はないのですが、実際にネーミングを決定しようとする段階で、問題が発覚する場合が少なくありません。

たとえば日本、アメリカ、ヨーロッパでは使用OKであったネーミングが、いくつかの国でNGであるという場合です。そのような場合は、その国でのみ別の名前を採用することもあります。

ネーミングに使われるのに適したような単語は、すでにどこかで登録されていることが多いため、最近は造語（A＋Bの加算造語、A＋Bの圧縮造語、頭文字による造語、語尾変化による造語）が多いようです。

ちょっと変わったところでは、ある単語からマイナス、つまり減算したものがあります。

ブリヂストンがBMWの電気自動車「i3」用に開発した狭幅・大径のエコタイヤ「ECOPIA EP500 ologic」の最後の単語「ologic」は、「ecologic」の最初のecをあえて抜いたようです。

つまり、従来のA＋Bという加算造語の組み合わせとは違ったアプローチをしています。

2 プロジェクトの最終章

■発売後の3ヶ月が勝負

商品の発表と発売が同じ日である場合もありますし、発表後、しばらく時期を置いてから発売となるような商品もあります。

プロジェクト責任者としてもっとも神経を使うのが、商品が発売になり、お客様の手に渡ってからの数ヶ月です。お客様の反応が今まで想定していたとおりか、はたまたまったく異なる反応が示されるのか、とても気になるところです。

さらには、「予想していなかったトラブルが発生していないか」「誤った使い方によるクレームが発生していないか」など、毎日の情報に細心の注意を払う必要があります。とくに、発売直後での基本要素に関連するトラブルは、すべての商品に共通することから、注意が必要です。

万が一、そのような不具合が発生した場合は、営業・サービス部門だけに任せておくのではなく、プロジェクト、設計、試験、製造、品質部門などから成る「スクランブルチーム」のメンバーをあらかじめ設定しておき、このチームで迅速に対応行動を起こすことが有効です。

とにかく、第一段階として3ヶ月をひとつの目途とし、お客様からのクレームや問い合わせに注目しましょう。もし想定外のことが起こった場合は、新たに使い方の冊子やパンフレットなどを作成し、営業部門を含めて啓蒙していくことも必要かもしれません。

■エッセンスをまとめ次のプロジェクトへ

発表から3ヶ月を過ぎると、特段の問題がない限りプロジェクトメンバーも落ち着いてくるのではないでしょうか。そうなると引き継ぎの段階です。すでに機能部品のチームや試験チームなどは、かなりの人が他のプロジェクトに移っている頃かもしれません。

そのような段階になったら、今まで行なってきたことを振り返ってまとめる、**「プロジェクト完了報告会」を開催**しましょう。こうした会の開催は、ある意味ではプロジェクトの「けじめ」ともなります。

また、最初に立てた「プロジェクト成功の定義」についても照らし合わせてみましょう。市場での評価をするにはまだ早すぎるかもしれませんが、自分達が立てた目標に対して、自ら評価することも大切です。

当該プロジェクトに対して、「どのように考え」「どういう行程を経て進めてきたか」をまとめ、後進に残しておくことは、プロジェクト、あるいは企業の財産になります。

内容は違ったとしても、次にプロジェクトを担当する人は、最初にこうした記録から学ぼうとするでしょう。このような経験の積み重ねが、成功確率の高いプロジェクトの仕組み作りへと繋がっていくものと信じます。

おわりに

最後まで読んでいただき、ありがとうございました。

プロジェクトは千差万別であり、読者の皆様の感想は、自分の関わっているプロジェクトと類似しているという声もあれば、全然違うという声もあるのではないでしょうか。

しかし、そのようないろいろな声のあることを承知で書き出したのがこの本です。

「はじめに」でも書きましたが、一般的なプロジェクト・マネジメントについては教本も多くありますが、私自身が経験したプロジェクトでの内容で言うと、実務で苦労しそうな点や責任者として陥りやすい点がわかりにくいように思えました。

また新商品開発と言えば、「プロジェクトX」ではありませんが、どうしてもサクセスストーリーになりがちで、自分達の経験とは異なることが多いように思えました。このため、本書を書くにあたっては、できるだけ実践して使えることを念頭に置きました。

どのような企業でも、プロジェクトの責任者は重責であり、アサインされた直後は晴れがましい気持ちになるかもしれませんが、プロジェクトが進むにつれ、喜びよりも悩み・心労のほうが多くなってきます。

その理由としては、日本では、プロジェクト責任者としての教育やトレーニングをあまり受けないまま、いきなり重責を負わされてしまうというのが実態だからかもしれません。

本書がそのような、プロジェクトを任された方々の「新商品プロジェクトの羅針盤」として少しでもお役に立ち、プロジェクトを成功に導くことができればと願っています。

最後に、この本を出版するにあたっては、筆が遅くてなかなか進まず、叱咤激励してくださった同文舘出版株式会社取締役　編集局・ビジネス書籍編集部部長古市達彦様、ならびに関係者の皆様に厚く御礼申し上げます。本当にありがとうございました。

著者略歴

和田 憲一郎(わだ けんいちろう)

福井県出身。日本初のe-mobilityコンサルタント・開発イノベーションコンサルタント・エレクトリフィケーション コンサルティング代表。

1989年三菱自動車に入社後、ギャラン、FTO、米国生産のスペシャリティーカーであるエクリプス、エクリプス・スパイダーなどの内装設計を10年以上にわたって担当。2005年に新世代電気自動車「i-MiEV(アイ・ミーブ)」の開発責任者に任命され着手。2007年、先行試験を経てプロジェクト正式発足と同時に、MiEV商品開発プロジェクトのプロジェクトマネージャーに就任。2010年からEVビジネス本部上級エキスパートとして、急速充電協議会(チャデモ協議会)幹事会メンバー、総務省消防庁「電気自動車用急速充電設備の安全対策に係る調査検討会」委員、HEMSアライアンス・ステアリング会議メンバーとなり、スマートグリッド・ワイヤレス給電など三菱自動車のEV充電インフラビジネスを牽引。2013年3月同社を退社後、EVビジネスの水先案内人として、EVと周辺分野を繋ぐ電動化ビジネスを推進するため、同年4月に「エレクトリフィケーション　コンサルティング」を設立。

ドラッカー学会会員、ドラッカー「マネジメント」研究会総合企画委員。

新聞・メディアに数多くのコラムを寄稿しており、サンケイビジネスアイ(SankeiBiz)に「エンジニア革命」、ITmedia/MONOistに「和田憲一郎の電動化新時代！」、日経テクノロジーオンラインに「和田憲一郎の一車両断！」などを連載中。
●エレクトリフィケーション コンサルティング公式サイト
URL：http://electrification-consulting.com

成功する新商品開発プロジェクトのすすめ方

平成26年6月13日　初版発行

著　者 —— 和田　憲一郎
発行者 —— 中島　治久

発行所 —— 同文舘出版株式会社

東京都千代田区神田神保町1-41　〒101-0051
電話　営業03(3294)1801　編集03(3294)1802
振替00100-8-42935　http://www.dobunkan.co.jp

 ISBN978-4-495-52761-7

印刷／製本：三美印刷　Printed in Japan 2014